講談社文庫

世界と私のA to Z

竹田ダニエル

講談社

文庫化に寄せてのまえがき

本書は『群像』2020年12月号、2021年5月号〜2022年4月号で連載したものを一冊にまとめたものであり、私にとってはじめて出版した書籍でもある。2020年、コロナウィルスによるロックダウンの最中で、どこに行くこともできず、ほとんどインターネットでしか「世界」を観察することができない中で、インターネットと社会の接点について、Z世代の視点と価値観の観点で書いた連載だった。そしてロックダウンが解除され、徐々に「ニューノーマル」が米社会で展開されていく過程で、Z世代も「新たな社会」に出会い、「新たな時代」を作っていく当事者としてのエネルギーに溢れていた。

資本主義、人種差別、働き方、SNSとの関係性、多様性、メンタルヘルス、セルフケアなど、自分の執筆活動にとって核となるようなテーマを、本書では網羅することができた。連載スタートから文庫化に至る現在まで約4年が経っており、連載執筆当時に議論されていたトレンドや現象を本書では取り上げているものの、取り上げている社会問題や話題にしている価値観の背景などには、実はあまり変わりはないように感じる。トレンドが移り変わり、新たな問題がどんどん出てくるものの、アメリカ社会や世界全体が直面している矛盾や課題はむしろ深まる一方である。

このまえがきを執筆している2024年現在、環境破壊は進行し、ジェノサイドに歯止めは効かず、トランプの再選が懸念されている。2020年当時からアメリカ社会にポジティブな変化はあったのかと尋ねれば、ほとんどのアメリカ人は答えに詰まってしまうだろう。日本においても、約2年前に出版された本であるにもかかわらず、「今の社会を言語化する本だ」と言ってもらえることもいまだに多い。そして本書で紹介しているZ世代的な価値観は、日本でどんどん浸透しているようにも感じる。

私自身が振り返って本書を読んでも、「あの時は確かにこんな空気感だったな」と感じながら、「今起きている問題の背景にはこういうことがあったのか」と気づきを得たり、「今ならこういう向き合い方もできるのか」と、新たな発見に出会うきっかけにもなっている。

そしてここに書かれていることのほとんどがアメリカのZ世代に関わる話である

が、同時に連載スタート当時に22歳だった私自身が「新たな世界」と出会う過程の軌跡でもある。この本を手に取ってくれたあなたにとっての「A to Z」が広がる手助けになれば、と思う。

２０２２年10月31日　竹田ダニエル

はじめに　「大人の求めるZ世代像」への違和感

「竹田さん、最近Z世代ってよく聞くんだけど、アメリカのZ世代ってどういう感じなの？」

このような質問を受けるたびに、しばらく考え込んでしまう。自己紹介から始めると、自分は現在アメリカに住むZ世代であり、本業の理系研究と共にフリーランスで米国カルチャーについての執筆や、音楽関連のコンサルタントの仕事をしている。そのため、日本に住む大人から「米国のZ世代の傾向や特徴」についての意見を頻繁に求められる。若者の意見を聞き入れようとする姿勢自体は、いいことだと思うが、単に「ある年代に生まれた集合体」を代弁するだけでは、Z世代の本質は語れない。新たに生まれている「Z世代的価値観」とは何かをまずは理解しなくては、若い世代がなぜ社会に変化を起こしているのか、なぜ彼らの影響力が増しているのかの全貌が見えないのだ。

「Z世代」とは、一般的には1990年代中ごろから2000年代までの間に生まれた世代のことを指す。Z世代という単語を聞くと、奇抜な音楽性とファッションが話題の2001年生まれのアーティストのビリー・アイリッシュや環境活動家のグレタ・トゥーンベリ、テニス世界チャンピオンの大坂なおみ選手が思い浮かぶかもしれない。そして「社会に革命を起こす先進的なデジタルネイティブたち」というイメージも、メディアを通じて形成されつつある。さらに日本のメディアが「(特に米国の)Z世代」を取り上げる際に、「多様性」「LGBTQ」「環境問題」「リベラル派」という単語とセットで紹介し、「一方では日本のZ世代は政治に関心がなく、インスタ映えのことばかりを気にしている」と比較する。こうして日本のZ世代に呆れてみせることによって、まるで海外のZ世代が地球の救世主であるかのように、「海外のZ世代から見た〇〇」を当事者から聞き出したがる人が日本では増えたように感じる。マーケティング企業やコンサル会社が「Z世代とは」という概念を資本主義的に作り上げたり、大人の批評家が「〜がZ世代に人気の理由」を勝手に分析したがったり、都合の良い「Z世代の代弁者」を作り上げ、「大人の見たいZ世代像」を押し付けることによって形成される偏見と違和感は増しつつある。

さらに大きな問題なのが、日本のメディアがいざ日本のZ世代当事者に対して「意見を聞きたい」と言う際には、実際には「面倒なことになるから大人はしたくない鋭い社会批判」や「なんだかんだ言って子供らしい青臭さ」のようなものを頻繁に求め続けることである。多様な価値観が存在することこそが「Z世代らしさ」であるにもかかわらず、「Z世代を代表する意見」というものを欲しがるのは、あまりにも矛盾しすぎている。

私はそもそも「Z世代的価値観」というのは生まれた年月で区切られるものではなく、「社会に対して目を向け、常に自分と向き合い、誰もがより良い社会を目指すべきだという思想」で形成される「選択可能」なものなのではないかと考えている。米国でZ世代が「特別な世代」として扱われている理由は、彼らが多様な人種と思想と価値観の人が社会に存在するという事実を、インターネットによって幼い頃から実感している世代だからだ。同時に、今までずっと社会に存在し続け、大人たちが見て見ぬ振りをして解決せず、後回しにし続けた人種差別や環境問題、性差別やLGBTQへの差別のおぞましい実態をスマホの画面上で見られる。それに対して反発する同世代たちの声も簡単に聞くことができるため、「世界中の問題をこれ以上無視することはできない。私たちの世代で変えなければいけない」という使命感を持ちやすいのである。もちろん、Z世代全員がこのようなラディカルな思想の持ち主ではなく、保守的、差別的な思想を持つ個人も多く存在する。そのため、「Z世代は全員こんな感じだ」という偏見を植え付けるような「特徴」を語ることは危険だ。

では、改めて「Z世代的価値観」とは何か？　それは、膨大な情報量と「繫がり」を駆使する能力を持ち、自分たちの世代で物事を変えていこうという当事者意識を持ったことによって生まれた新たな価値観である。今まで分断を引き起こしていた壁を崩壊させ、多様で新しい価値観に誰もがアクセスできる中で、目まぐるしく変化する社会に抵抗するのではなく、前向きに学び合い、受け入れることを可能にする。つまり、世代による情報量のギャップなどが少なくなり、年齢による「世代」で区切ること自体がナンセンスになってくる。そのため、「Z世代」たるものを語る際に、「年代層」を指すのか、「価値観」を指すのかによって、大きな差が生じる。この二つは似て非なるものであり、決して混同してはならないのだ。

海外のZ世代、そして日本のZ世代を語る上で最も大切なのは「Z世代当事者の経験と声を聞き、Z世代が作る未来の社会に柔軟に対応し、〝Z世代的価値観〟を年齢を問わず取り入れること」なのではないか。若者にモノを言わせることと、受け入れがたい社会の変化にも柔軟に対応する姿勢を持った上で「Z世代的価値観」に学ぶことは全く異なる。日本の若者たち自らが「若い人たちはすごい！　若い人たちは社会を変える！」というメッセージを胸を張って発せられるような社会を形成することに、私は尽力したい。

第1章

私にとってのセルフケア・セルフラブ
――「弱さ」を受け入れる

Z世代を中心に、ライフスタイルの選択を通して「自分を大切にする」考えが共有されている。
Photo:AdobeStock

いまアメリカでは、Z世代の間で「セルフケア・セルフラブ」の革命が起きている。Z世代に対するステレオタイプで典型的なのが、「Z世代は弱々しくて、エモーショナルで、すぐなんでも諦めてしまう世代」「Z世代は力強くて、情熱的で、辛抱強く社会と向き合い、変化を起こそうとしている世代」といったものだ。これらは一見正反対のようでありながら、どちらもそれなりに正しい。なぜなら、社会をより良くしていくための行動を起こすアクティビズムもセルフケアの延長線上だという考えこそが、「Z世代的なセルフラブ」のあり方だからだ。自分のことを愛せずして、社会のために戦えるはずがないし、社会と向き合わずして自分と向き合うことはできない。

そもそも「Z世代」とは、おおよそ1990年代中ごろから2000年代の間に生まれた世代のことを指す。ベビーブーマー（ブーマー世代）は1946年〜1964

年の間に、X世代は1965～1979、あるいは'80年の間に、ミレニアル世代（またはY世代）は1981年～1994あるいは'96年の間に生まれた世代だと、一般的に言われている。[*1] 筆者もこのZ世代に属するが、生まれた時から今に至るまで、デジタルテクノロジーの進化とともに育ってきた感覚が強い。この世代は「デジタルネイティブ世代」と呼ばれることも多く、SNSや電子機器などの最先端のテクノロジーに精通していることに加え、「社会問題の解決の鍵を握るグローバル市民」という認識を自ら持つ世代でもある。手元のデバイスでいつでも無数の情報にアクセスできることに慣れているため、既存の「普通」や「ルール」に対して違和感を抱き、前時代的な「常識」に媚びず、各自の個性を大切にしていることも特徴だ。ただ、あくまでもこれらは筆者が思う「Z世代的な価値観」であり、他の世代でこのような価値観を持ち合わせている人もいるし、国によってもZ世代のあり方はさまざまだ。

日本では言及されることがまだまだ少ないが、アメリカでは「メンタルヘルス（精神面における健康）」がZ世代に甚大な影響を及ぼしているとして、メディアや教育、カルチャー等において非常に重要なテーマとして取り扱われている。鬱や不安症など、ストレスに由来するメンタルヘルスの悪化を訴えるZ世代が多いのは、環境問題や経済不安、頻繁に発生し続けている銃乱射事件、新型コロナウィルスなど、若い頃からスケールの大きな問題と対峙しなければいけないことから生まれる絶望感が大きな原因の一つとして挙げられる。

しかし、Z世代、そして少し上のミレニアル世代が起こした大きな変化の一つとして、「弱くても良い」という意識をポップカルチャーやメディアを通して普及させたことが挙げられる。以前はアメリカでも、精神の病に対する社会的なスティグマによって、メンタルヘルスの問題は話題にしづらい風潮があった。でも、徐々に若い世代の意識が変わったことによって、タブー視されていたメンタルヘルスの話題についてオープンに共有しあったり、議論を交わしたりすることで、一人で抱え込む必要性が薄れていったのだ。だから、セラピーを受けるために自ら受診に出向いたり、専門的知識を用いて精神面の苦しみを治療しようという積極性を、自然と身につけることになった。実際、メンタルヘルスの専門家から治療やセラピーを受けたことがあると報告する割合は、Z世代の37%にのぼる。ミレニアル世代の35%と並び、X世代の26%、ベビーブーマーの22%、高齢者の15%と比較して非常に高くなっている。[*2]

私はセラピーやサイコロジーのプロではないが、2019年6月から執筆業を始めたり、インディーズのアーティストたちと密接に制作やコーチングで関わったりするようになり、メンタルヘルスについて率先して学んだり、まずはセルフケアをしていかないと、継続して「誰かを助ける」ことが難しいことをこの数年間を通して実感した。コロナによる大きな変化の中で、人間関係や経済、社会全体について考えていくうちに「大切なもの」と「非本質的なもの」が浮かび上がってきた。そのことから、資本主義との本質的なズレや世代間の価値観の違いについても多く気付かされたのだ。

進化する自己肯定感のかたち

植物や水晶を部屋に飾ったり、ファストファッションよりもヴィンテージの服を好んで着たり、豪勢な料理よりもヘルシーなヴィーガンの食事を意識したり、過酷なダイエットや無意味なマウントの取り合いよりも星座占いやメディテーション、スピリチュアルなルーティンに大きな魅力を感じたりするのが典型的なZ世代の特徴だ。これは市場としてのウェルネスブームというよりも、’60年代のヒッピーカルチャーに回帰するような、「自分」と向き合うことを大切にしたいわゆる「自然派」の暮らし方に近い。ハードドラッグ（ヘロイン・コカイン）を燃料にしたパーティー好きのミレニアル世代と比べると、タバコも吸わない、ハードドラッグもパーティーもやらない、でも（合法化された地域では）マリファナやサイケデリックマッシュルームは摂取するし、占いや瞑想などのスピリチュアルな方法で精神世界と向き合うことに抵抗がない。このようなライフスタイルを大きな枠組みで括るならば、自分を大切にし、自分を愛する、つまり「セルフケア・セルフラブ」というキーワードが浮かび上がってくる。

なぜZ世代はセルフケアに夢中になり、セルフラブを謳うのだろうか？　そのことを理解するには、まずはミレニアル世代が起こした「自己肯定感」のムーブメントを知る必要がある。「自尊心の低い世代」と呼ばれるX世代と比較すると、ミレニアル世代はダイエットプランやフィットネスジム、セラピーや瞑想アプリなどにお金を落としやすい世代として、健康状態を「金銭を払って改善すること」に執着した世代だと言われている。彼らの世代は前世代が作り上げてしまった不況に苦しみながらも、資本主義の呪縛から抜け切ることができず、自己実現を目標とする「ハッスルカルチャー」や資本主義的で白人女性を中心とした価値観のフェミニズム、いわゆる「ガールボスカルチャー」が盛んだった。同時に、企業の広告を中心に、自己肯定感を高めていこうという趣旨の「エンパワメント」のムーブメントが巻き起こったのも、ミレニアル世代からのことだ。

ミレニアル世代は、その前の世代であるX世代よりも人種的に多様であり、ジェンダーやセクシュアリティに関しても人権を尊重するような、寛容な価値観を持つようになった世代だ。それまでの二元論的なアイデンティティのあり方に違和感を抱き、ネットの普及とともにいわゆる「既存の価値観」を大人になってから問い直した世代でもある。経済的に豊かだったブーマー世代の尻拭いをせざるを得なかったミレニアル世代は、不安定な雇用情勢や不況に悩まされながらも、「精一杯自分の人生を豊かにするための努力」を謳い、結果として資本をベースにした「ウェルネス市場」がブームとなった。そのウェルネスとは単に美貌や健康を手に入れるためのものではなく、リベラルで先進的な価値観を取り入れた、総合的な「価値観」を提示したものだった。

毛穴やニキビ痕といった、いわゆる「欠点」をモデルの顔から消し去るのが一般的だった美容業界の広告のあり方に、ミレニアル世代から支持されるいくつかのブランドは大きな終止符を打った。例えば、Z世代にも根強い人気のある化粧品ブランドGlossierは、「ナチュラル」な仕上がりをテーマに、欠点も個性と捉え、カバーするものではなく大切にするべきものだと提示する「ナチュラル派」のブランディングを打ち出した。下着ブランドのAerieも、それまでの下着市場を独占していたヴィクトリアズ・シークレットに異議を唱えるように、多様な人種と体型のモデルを起用し、一切レタッチを加えない、#AerieREALというキャンペーンを2014年に開始して、広告界の常識に大きな変化の波を起こした。それまでのファッション業界では、人間離れしたプロポーションのモデルを起用することで「理想の体型」と「ブランドイメージ」を結びつけることが一般的だったが、そのような広告の影響を受けた若い世代の摂食障害や自己肯定感の低さなどが社会問題となった。私も中学生の頃に学校で専門家の講演があり、広告に隠された「嘘」やメディアによって煽られる「理想像」の危険性について学ばされたことは強く記憶に残っている。憧れの非現実的なライフスタイルを商品の消費に結びつけることを「古い」と定義づけたミレニアル世代は、自らのメンタルヘルスを守るためにも、「リアル」を求めるようになっていったのだ。

SNSの誕生も、ミレニアル世代の価値観の変化に大きな影響を与えた。まるで人類全員が完璧な生活を送っているかのように見えた初期のInstagramは、ストイックなダイエットや自己啓発など、「自己を否定」する要素を多く持ち合わせていた。今でこそ「SNSは幻想」という事実が周知されているが、大人になってからまるで競争のようにSNSを生活に取り入れるようになったミレニアル世代にとっては、自己のアイデンティティを大きく揺るがす出来事だったことは容易に想像できる。そのような非現実的な理想から離れた場所に身を置き、「比較」や「競争」から離脱することは、勇気を必要とする行為だ。欠点を徹底的に排除しろと諭されたミレニアル世代から、欠点も個性の一部だと自信を持って主張するZ世代に至るまでの道は、まさに「セルフラブ」の考え方が広まっていく道のりでもあったのだ。

フェイクはもういらない

Z世代はよく、「絶望の世代」と呼ばれる。次々と襲いかかる環境問題や社会情勢の不安、SNSで絶え間なく流れ続ける不穏なニュース、常に繋がっているのに直接人間と触れることができない孤独。我々が大人になる頃には、地球はどのような状況になっているのか、考えただけで恐ろしい……と感じ続けてきた。子供の頃から生々しい環境破壊や、それを止めるどころか無惨にも加速させてしまう人間の愚かさを見てきたZ世代は、「助けて欲しい」という声を大人に無視されてきた世代でもある。そんな状況の中で、いまだに「キラキラ」した理想像を提供し続けるSNSの「嘘」を見抜いているZ世代は、もうこれ以上フェイクなことには興味がない。

生まれた時からインターネットがあるZ世代にとって、常にネットで「繋がっている」ことの反作用として、ネットから「離れる」こともまた大切だ。むしろ現代的なテクノロジーが存在しなかった、ノスタルジックで「レトロ」なカルチャーに強い魅力を感じていることも、わかりやすい例だ。レコード収集やヴィンテージファッションといったレトロ回帰のトレンドの延長線上には、加速主義のオンラインから離れて、お風呂やアロマを楽しんだり、本を読んだり、ヨガをするなど、「地に足のついた」セルフケアが存在する。

ラッパーのJuice WRLDやMac Miller、ドラマ『glee』主演のコリー・モンティスなど、スター的存在のアーティストやセレブたちが次々と鬱や薬物依存で若くして命を落としていることが、センセーショナルに報道されているのも、Z世代に大きな精神的影響を与えている。断片的なニュースだけではなく、彼らが具体的にどのような過程で鬱に蝕まれていってしまったのか、どのようにして社会がそれを無視し続けたのかがわかってしまうことで、同じ失敗を繰り返してはならないという連帯感が、Z世代の中で生まれているように感じる。だからこそお互いのメンタルヘルスを尊重し、身近な人を救うための知識を身につけるのだ。

頑張っても頑張っても、資本主義社会や人種差別が社会の構造として存在している以上は、その問題を根本的に解決せずに豊かな暮らしを夢見るのは不毛であるということを、Z世代はよく理解していると思う。スキルアップして会社の中で出世して収入をあげることよりも、自分の好きなことを、好きな人と一緒に、メンタルヘルスを大切にしながら、楽しんでやれたらいい、そんな心意気さえ感じる。それだけだと楽観的に聞こえるかもしれないが、いつどんな時に銃乱射事件が学校で起きてもおかしくなかったり、いつ株式市場がまた大暴落するかもわからなかったり、いつまたパンデミックが起きるかもわからないような世界しか知らないZ世代にとっては、「今、ここにある時間」を最優先にして、自分の体調やメンタルの維持に注力することは至極真っ当なことであり、上の世代がそこから学べることはたくさんあるのではないだろうか。そうすることで初めて、人種差別反対のプロテストに参加したり、不平等を助長する社会的な構造についてSNSでお互いを教育したり、Z世代的なアクティビズムに取り組むためのエネルギーを維持することができるのだ。

先日Twitterにて、私が師匠のように尊敬しているNY在住の執筆家の佐久間裕美子《さくまゆみこ》さんと美容ライターの長田杏奈《おさだあんな》さんが、セルフケアやセルフラブについて言及していた。

長田さん「持続可能なアクティビズムに、セルフケアの果たす役割は大きい。」
佐久間さん「セルフラブは究極のセルフケアであり、セルフケアは生き残りのツールだと思っています。」

長田さんや佐久間さんが発信の中で提示している「アクティビズムの延長線上にあるセルフケア・セルフラブ」というのは、「自分のことだけをしろ」という保守的な自己責任論の正反対にある。そのことの説明がないと、社会的に抑圧されている弱者たちが上げる声を封じようとする権力者たちの「生活の小さな幸せを大切にしなさい」という言説に、悪用されてしまうのだ。

彼女たち、そしてZ世代的な価値観が提示するセルフケア・セルフラブは、ナルシシズムという形での自己愛や「自助」を装った自己責任論、さらには自己啓発書などに見られる「セルフヘルプ」の価値観とも異なる。社会の構造と向き合って何かしらの変化を起こしたり、コミュニティ内で助け合いや学び合いを可能にするために、自分というエネルギー源を守るためのものなのだ。

1960年代後半から'70年代にかけてアメリカで黒人民族主義運動・黒人解放闘争

を展開してきたブラックパンサーらの公民権運動家にとって、「セルフケア」の概念は「自衛の教え」だった。自称「黒人、レズビアン、母、戦士、詩人」のオードリー・ロードは、「自己保存がコミュニティ形成の基礎となる」ことを強調した。1988年に出版された『A Burst of Light』の中で、ロードは「自分を大切にすることは、自己満足ではなく、自己防衛であり、それは政治的な戦いの行為である。」と記している。ある人種や層を排除しようとする社会の中では、セルフケアとは抑圧的なシステムを覆すために自身を癒し、コミュニティで結束するための手段なのだ。

戦い続けるために自分を愛する

ここで大切なのは「セルフケア」「セルフラブ」とは、「自分のことだけをやる」とか、小さな幸せを一生懸命大切にして、社会問題には声をあげないという日本の保守的な考え方とは全く違うということだ。社会のために戦い続けられるように、そしてより多くの人にケアを届けられるように、まずは自分を愛する。自分をリスペクトすることと、常識とされている社会規範を疑うことは、一見関係ないように見えて、根本では深く結びついているのだ。

さらに言うと、ストレス発散という名目での自傷行為や贅沢・散財、他人への暴力などは当然「持続可能なセルフケア」ではない。例えば、束の間の楽しみを生んでくれる夜更かしやNetflixの一気見も、長い目で見たら健康的ではないかもしれない。その辺りのマインドフルネスや自己コントロールとの関係性も重要だ。

アクティビストとしてデモや社会活動を先導し、SNSを使って政治的アクションを起こしたり、高い社会的な関心と正義への熱意を持っていることが、世間的なZ世代に対する「良い」イメージだ。社会の一員として、誰かを蹴落として成長しようという資本主義的な価値観に基づいた「セルフヘルプ」(自分磨き)の概念とは異なり、コミュニティとしての傷や痛み、悲しみに目を向け、問題と向き合う、それこそがセルフケアであり、セルフラブにつながる。専門知識を身につけ、自分が抱えるあらゆる問題や不安を分析しすぎてしまう、いわゆる「拗《こじ》らせ系」が増えていることは事実だが、実際にそのような体験を共有することで鬱や不安症、ADHDなどの発達障害から来る「生きづらさ」をシェアすることに対するスティグマがものすごく減っているのは、喜ばしいことだ。

SNSを通して専門用語がわかりやすいインフォグラフィック(情報やデータをイラストや図でわかりやすく表したもの)などで拡散され、「学び」のきっかけになったり、インフルエンサーに「リアル」を求めるZ世代の影響でビリー・アイリッシュなどのセレブたちが「完璧じゃない自分」を見せたり、メンタルヘルスに関する大切な情報を発信していることも影響している。ジョークとしてメンタルヘルスについての話題を消費するのは良くないが、カウンセリングに行くことのハードルがより下がったり、体調やメンタルの自己管理の方法の知識は得やすくなっていると感じる。自分が苦しいのは自分の責任ではなく、社会の構造に問題があるからだとセットで学ばれていることも重要な点だ。何よりも、鬱やメンタルヘルスについてオープンに話し合える雰囲気こそがポジティブなムーブメントにつながっているのだ。

ストイックなダイエットをして、寝る間を惜しんで自己啓発書を読み漁って、健康を損なってまで仕事に注力することは、「セルフヘルプ」として今までのメインストリームカルチャーの中では「良いこと」であるとされてきた。しかし、これらは実際は資本主義という大きな機械のために自らを犠牲にしてまで「より効率の良い歯車」になるためのプロセスでしかなく、実は「一人の人間としての自分」の精神を置き去りにしている行為でもあるのだ。

セルフケアとは、贅沢なスパでマッサージを受けたり、高級な化粧品を使ったり、ご褒美のスイーツを食べることだけではない。仕事で疲れた日でも帰宅したらすぐお風呂に入ったり、健康的な料理を作ったり、毎日少しずつ運動したりすることこそが、長期的な目で見た時に自己肯定感の高まりや自己成長に繋がる行為なのだ。一方、自分にセルフラブを注ぐためには、「完璧な姿」になるのを待つ必要はない。健康的な生活を送れなかった自分を責めたり、ダイエットに失敗したことを恥と思う必要もない。欠点や失敗を含めて自分をポジティブに捉え、「許す」行為こそが、セルフラブの重要な要素だ。もちろん、人によってアプローチは異なるが、本質的には「自分との上手な付き合い方」を探すプロセスこそが、セルフケアであり、セルフラブなのだ。

完璧でなければいけない、成功しなければならない、常に向上しなければならない。そんなプレッシャーのある社会の中では、「自分らしく、ありのままでいよう」というフレーズなど陳腐に聞こえてしまう。なぜなら自分を愛せずして、「自分らしく」などいられるはずがないからだ。私たちが本当の意味でコントロールできるものは、ここにある「自分」と「今という時間」だけ。向上心や理想像を大切にしながらも、流れる感情を押さえ込まない。何かに「なる」のではなく、今、ここに「いる」ことを一番に感じるのだ。自分のことが嫌いな、そんな自分を愛する。人間だからこそれ抱えるたくさんの矛盾を、学びを通して一つずつ愛していきたい。

＊１　https://www.pewresearch.org/fact-tank/2019/01/17/where-millennials-end-and-generation-z-begins/

＊２　アメリカ心理学会の２０１９年の調査より。https://www.apa.org/monitor/2019/01/gen-z

第2章

私にとっての応援のものさし
──「推し」は敬意で決める

『ユーフォリア』に主演し、Z世代に人気の俳優ゼンデイヤ。
Photo:Getty Images

いまアメリカでは、Z世代の間で「応援したい有名人」の革命が起きている。

Z世代に人気があることで知られている有名人たちを挙げてみると、見えてくる傾向がある。例えばZ世代の代弁者とさえ呼ばれるビリー・アイリッシュの特徴は、TwitterやTikTok等のSNSでZ世代が発信している特有のニヒリズムを体現し、自虐とエンパワメントの境界線を行き来する自由なアイデンティティだ。さらに自身のメンタルヘルスやボディイメージに対する葛藤についても常にオープンに語っており、嘘偽りのない自身の変化をアートを通して「自己表現」しているアーティストだ。

今や世界トップのアスリートとなり、2021年のメット・ガラのホストにも抜擢された大坂なおみ選手は、アメリカのZ世代から"Queen"と呼ばれるほど大きな支持を得ている。政治に対して発言するスポーツ選手はアメリカでは少なくないが、

Black Lives Matter やアジア人差別に対しても声を上げ、トップアスリートとしての人権意識と社会的責任をコート上でも、SNS上でも、淡々と見せつけてきたことで若者たちのリスペクトを獲得した。

Z世代に人気の俳優ゼンデイヤは、エンターテインメント業界での黒人差別やフェミニズムについてティーンの頃から鋭く言及しており、そのアティチュードは世代全体にとってアイコニックなものとして讃えられている。彼女が主演を務めたドラマシリーズ『ユーフォリア』はジェンダーやセクシュアリティ、ドラッグや性的暴力など、社会的にタブー視されていた題材を中心的に扱い、テレビドラマというもののあり方自体を変えたほど、Z世代の間でカルト的人気を獲得した。ヴィンテージやストリートスタイル、マスキュリンなテイストを取り入れたゼンデイヤ的ファッションも、Z世代のファッションのお手本になっている。

YouTuber から世界的なシンガーへと転身した Troye Sivan《トロイ シヴァン》は、YouTube での人気が頂点に達したタイミングでゲイであることをカミングアウトした。当時その行動はとても革新的で、SNSを通して「自分らしく自由に発信する」運動に大きな影響を与え、現在ではクィアアイコン的な存在になっている。ちなみにクィアとは、性自認（自分の性をどのように認識しているか）が生まれたときに割り当てられた性別と一致している人（＝シスジェンダー：https://jobrainbow.jp/magazine/cisgender）以外の、セクシャルアイデンティティやジェンダーアイデンティティを持つ人を表す言葉。例えば、レズビアン、ゲイ、バイセクシャル、トランスジェンダーの人々の属性を、大きく括って「クィア」と表現することが多い。[*1] Sivanは、サウンドでは洗練されたポップスを、歌詞ではゲイ・コミュニティで長い間汚名を着せられてきた話題を積極的に取り上げたり、オープンにセクシュアリティについて語っていることが特徴的だ。ビジュアル面においても堂々とマスキュリン／フェミニンの対峙をモチーフとして取り入れ、自己表現を行っている。そんな彼の姿は、タブーとされていた社会問題に正面から向き合い、自らのアイデンティティや政治に対する葛藤や違和感を表現することを大切にするZ世代にとって、憧れの存在というよりも親しみやすく身近な存在だ。

ここで挙げたセレブリティ数人だけでも、「Z世代が応援したい有名人」の特徴が見えてくる。「アウトサイダー」として、個人的な物語を伝えていることが全員に共通しているのだ。フィルターをかけることなく、「クリーンなイメージ」を保つために都合の悪いことを隠すことなく、そして大人に操られることなく、真剣に既存の問題に対してカルチャーやスポーツ、言葉やファッションなどを通して自分の意見を表明し続ける。「若者は共感できるセレブが好き」と思っている人が多いと思うが、Z世代的価値観の持ち主は「共感」よりも「尊敬」を重要視しているのではないだろうか。

社会問題に敏感な世代

Z世代的価値観の代表的なものとして、「多様性と変化を積極的に受け入れる」ことが挙げられる。ピュー・リサーチ・センターが分析した2018年度の国勢調査局のデータによると、ミレニアル世代より下の6歳から21歳までのアメリカ人のうち、ヒスパニック系以外の白人は人口の52％にとどまり、人種的に最も多様性のある世代であることがわかっている。[*2] アメリカではカルチャーやメディアで多様性が求められ、政治においても多様な国民を代表するような政治家と政策が徐々に支持されるようになり、日常生活においても人種、ジェンダー、セクシュアリティなどの多様性の存在が認識されるようになり、価値観や自身のアイデンティティは固定されたものでなく、常に変わっていくものだということも理解されつつある。また、2020年のBlack Lives Matter運動や’21年に入ってからどんどん広がっているStop Asian

Hateの主張と共に、「マイノリティとしての自分のルーツを学ぶ」ことに意欲的なZ世代が急激に増えたように感じる。より大きな意味での社会問題と向き合うのと同時並行で、自分と向き合うことの必要性は第1章の「私にとってのセルフケア・セルフラブ」で触れたが、自分が抱えるコンプレックスやトラウマ、あるいはプライドや個性を多面的に理解するためにも、自分の家族の歴史や差別の歴史などについて学ぶ必要があるという認識も広がっている。

なぜZ世代がここまで社会問題に対してHyperaware（敏感）なのかということについては社会学の分野でこれから精力的に分析・議論されると思うが、教育の多様化によって、これまで常識だとされてきた歴史認識が改められていることは、大きな要因の一つとして挙げられるだろう。例えば性的加害や人種差別などを行っていた事実が発覚した偉人の名前が建物から消されたり、教育機関や公的機関が「クリストファー・コロンブスデー」ではなく"Indigenous Peoples' Day（先住民族の日）"に名称を改めて呼ぶようになったりと、歴史認識の変化が目に見える結果で表れている。先住民族に対して欧米人が行った残虐な行為や、今日においてもアメリカがイスラエル・パレスチナ問題を悪化させるような働きかけをしていることなど、「今まで隠されていた事実」に興味を持って知ろうとすることは、抑圧されている社会的弱者たちを救いたい、そして自分たちはこれ以上加害や差別に加担したくない、という意思の表明でもあるのだ。

　カルチャーの面で言うと、Z世代は「自分が共鳴するストーリー」を求め、「学び、行動をしているアーティスト」を応援したいと考える傾向がある。キャンセル・カルチャーの普及や先ほど言及したHyperawareな性質により、何よりも倫理的に正しいことを貫きたい、そして搾取や加害に関わりたくないというように、平和主義的な理想像を強く抱いていることも事実だ。また、例えばアジア系アメリカ人の二世や三世たちが、K-popを聴いたり日本のアニメを見ることは、移民の歴史を学んだり自身のルーツを知ることにつながり、ある意味白人至上主義的な社会に対して疑問や違和感を覚えるきっかけになるだろう。しかしこれは「自分の失われたルーツにつながりを感じる」という行為自体に興味があるのであって、愛国主義的なものとは異なる。人種差別的な表現がなされてきたという歴史を抱え、現在でも決して多様性に十分対応できているとは言えないメインストリームのメディアコンテンツを受動的に消費するよりも、自分たちが文化的に共鳴を感じられるもの、そして失われた故郷を感じられるものを探しているのだ。

アジア系の活躍が浮き彫りにした問題

'21年4月に行われた第93回アカデミー賞では、韓国系の移民家族の物語を描いた『ミナリ』の作品賞ノミネートやSteven Yeun（韓国系）、Riz Ahmed（パキスタン系）の主演男優賞ノミネート、『ノマドランド』監督のChloé Zhao（中国系）の監督賞受賞、H.E.R.（フィリピン系）の『Fight for You』の歌曲賞受賞など、アジア系に対するヘイトクライムがアメリカで激化している中、アジア系の業界人の活躍が例年以上に注目されていることは大きな進歩だと感じられた。作品の内容や質についての議論はもちろんのこと、このように人種の多様性自体が大きな話題になるのは、今でもエンターテインメント業界では人種差別が根深く残っており、それが一般社会にも影響を与えているからだ。

「私は韓国から来ました。私の名前はユン・ヨジョンです。欧州の方々の中には私の名前をヨヨン・ユンとかユジョンと呼ぶ人がいますが、今夜は全員許して差し上げます。」中でも議論を呼んだのが、助演女優賞を受賞した韓国のユン・ヨジョンのこの受賞スピーチだった。この発言が、アジア系アメリカ人の間では絶賛されたものの、それ以外のコミュニティではあまり注目されなかったことは残念だ。「アジア人の名前はどうせみんな一緒」とか「西洋の名前じゃないから」という理由で、名前の読み方を軽視された経験があるアジア系アメリカ人はとても多い。ユン・ヨジョンが、『ミナリ』をきっかけにさまざまな欧米の授賞式に参加して、自分の名前を覚えてもらえなかったことに対し、アカデミー賞ではっきりと「文句」を言ったことには、大きな意味がある。

そもそも「西洋的な名前ではない」という理由で発音を間違えるのは、他文化に対する敬意を欠いているとみなされ、特に晴れ舞台においてはマイクロアグレッション（あからさまではないが、無意識に行われる差別的な言動）と呼ばれ、不名誉なことだ。トランプ元大統領や他の共和党員たちがカマラ・ハリス副大統領の名前を間違えて発音したり、わざとその「変わった名前」を嘲笑する発言をくり返したことが問題になったのは記憶に新しい。さらに、日常的に名前を間違えられたり、「西洋的な名前」のあだ名を作るように軽々しく勧められることによって傷ついたり、怒りを覚えた人たちのパーソナルなストーリーも多く共有されるようになった。いちいち名前の発音を訂正することが面倒で、アジアに由来する名前を「英語化（anglicize）」する人も多いが、最近のアジア人ヘイトに対する精神的な対抗手段として、そしてアジア人としての誇りを表明する手段として、アジア系の名前をそのまま用いる人たちも増加している。だからこそ、アカデミー賞という舞台でユン・ヨジョンの言葉を聞いた人たちの中には、自分の思いを代弁してもらえた、よく言ってくれた、と思った人も数多くいたのだ。

私を含め多くのアジア系アメリカ人は、アジア人に対する人種差別が存在している現実を、見事に表明してくれたことへの共感と、自分たちがやっと世間の人々の「目」に映っていることへの興奮を感じた。一方で、文化的なリスペクトのない安直な“diversity representation（多様性の起用）”を行えばいいというわけではなく、そのような表層的なマーケティングはすぐにZ世代に見透かされてしまう。ユンの発言が大きく支持されたのは、彼女が既存のエンターテインメント業界のあり方を部外者として、そして権威のある実力者として正々堂々と打ち壊しにきた「ヒーロー」的な存在だからだ。彼女は白人中心の業界構造に媚びなくても韓国国内でキャリアを築き、アジア人のリアルな体験を当事者の視点で当事者によって演じた「ミナリ」という作品で評価された。自虐的でもなく、名誉白人的でもなく、ただ自尊心を守る、そんな当たり前のことを目の当たりにして、多くのアジア系アメリカ人や移民たちは大きな希望と衝撃を感じた。

今まで「いないこと」にされていたマイノリティが声をあげ、連携をし、カルチャーやメディアの中でも存在感を表していくことで、さらに同胞が活躍できる場が増える。それによってエンパワーされた人々が学びを通してさらにさまざまな業界に進出することが可能になる。あくまでも理想的な構造ではあるが、メディアが映す「あり方」によって、個人が選択する「応援のあり方」、そしてカルチャーの取捨選択の形も変わってくるのだ。映画業界でアジア系をはじめとしたマイノリティの活躍が一般的になることによって、業界に蔓延《はびこ》る差別や偏見、そしてそれが映し出す社会問題や向き合うべき課題が、特に授賞式においては浮き彫りになりやすい。多様性に配慮をし、人種問題や倫理観に厳しく言及することは「新たな問題を生み出す面倒なこと」ではなく、業界ごと沈みゆかないためにも必要不可欠な「今まで存在していた問題と向き合う」という、いわゆるアップデートの過程なのだ。

応援は投票

世間一般的に「有名人」であるかどうかと、Z世代から支持されるかどうかというのは、全く別の話だ。そしてZ世代に支持されるには、必ずしも音楽等の作品を通して社会問題について言及する必要もない。例えばテイラー・スウィフトやマイリー・サイラスは紛れもなくZ世代にとってアイコン的なポップスターであるが、彼女たちが現在支持されているのは「社会倫理的に正しいスタンス」を取る姿勢を見せることに努めているからだ。人種差別やトランプ元大統領の言動に反対していると明確に表明する、などは基本的なことである。SNSをはじめとした場所で「自分のスタンスを言葉にしてしっかり声をあげる」ことの重要さは、強調しておきたい。逆に、一度でもレイシスト的な発言や投稿、未成年に対する性行為や悪質なセクハラをした有名人たちは、それがきっかけで多くのファンを失うだけでなく、永遠にそのことを蒸し返されるし、ことあるごとに“cancel”する題材として持ち出される。

この行為はいわゆるアメリカの保守層が嫌う「キャンセル・カルチャー」とも呼ばれるが、Z世代にとっては「買い物は投票」と同じように、「応援は投票」でもあるのだ。どのようなアーティストや俳優を支持し、どのような作品を消費するかは、選択肢が無限にあるZ世代にとって自己表現の延長線上にある。大人に押し付けられたポップカルチャーを受動的に消費する必要がないため、自分の意思で「応援する対象」を選択しているのだ。

Z世代はなぜここまで政治や社会問題に興味を持ち、声を上げる必要性を感じているのだろうか？　そのような疑問を大人たちが抱いていること自体に私は違和感があるが、改めて考えると、やはりリアルな日常生活の中心的部分にSNSがあることの影響の大きさは計り知れない。Z世代の知っている世界は、古い価値観を持った親や学校の先生、わかりやすさを重視したあまり軽薄になってしまったテレビの情報に制限されることがないのだ。TikTokを開けば、歴史の授業で学んだことが事実とは異なり、白人至上主義を植え付けるためのプロパガンダであることを説明している動画が目に飛び込んでくる。Twitterを開けば、何万もの抗議活動の署名を集めたり、長いスレッドで複雑な社会問題について「今すぐ学んでほしい」というメッセージとともに拡散することができる。Z世代は小さな行為を積み重ねることで、手軽に、しかし確実に自分の手で「変化を起こせる」と、実感することができる世代なのだ。

テレビニュースや新聞だけでなく、多種多様な情報源から「学び」を得ることが、Z世代には当たり前の習慣になっており、自分に直接影響を及ぼすような事項でなくても、当事者性を持って「行動」を起こすことが可能になった。情報へのアクセスの容易さ、そしてそれによって得られる視野の広さによって、Z世代的な価値観では常に「学び」が「クール」なものとして認識されている。根深い社会問題がなかなか変わらないということに怒りを抱きつつも、自分たちに変えられることは確実にある。その手応えこそがZ世代の「学び続ける」モチベーションにつながり、多方面において Hyperaware な価値観を築いているのだ。

社会をよりよくするためにできる小さな行為を積み重ねることで、銃撃や不安定な景気、人種差別、資本主義の暴走による環境破壊などの大きな問題による不安を少しでも解消することができる。大きな波に向かって石を投げているだけのような感覚になることもあるが、それでも何もしないよりも生きている実感ややりがいを感じることができるのだ。誰かを抑圧し、搾取することで成り立っている現在の社会システムの裏側をＳＮＳの投稿やドキュメンタリーを通して知ってしまったZ世代は、黙っているわけにはいかない。セレブや有名人も自分たちと同じ社会に生きていて、かつ社会的影響力を持っているのだから、彼らには社会問題について声を上げる責任や意思を表明する義務がある、と考えるのがZ世代的価値観であり、同時にZ世代的価値観を持ち合わせているアーティストや俳優、もしくは企業やマーケターなどであれば、そのナラティブに同調したいと思うことが昨今の流れといっても過言ではない。

文化を「消費」しないで

ひたすら分かりやすさを優先しただけの、表層的なプロダクトや作品は、Z世代的な価値観とは正反対である。近年、「分かりやすさ」を求めすぎた結果としての作品や文化の劣化などが日本国内でも問題になっているが、Z世代当事者からすると、「分かりにくいこと」を忌み嫌う傾向は全くないように感じる。むしろ「知る」体験を得られる作品や「考える」機会を与えてくれるコンテンツはTikTokやTwitterでも多くのエンゲージメントを集めるし、逆に浅はかなものはありふれているから需要が低い。

過去にこのようなツイートをしたことがある。

「人種ではなく作品で見るべき」とか「ポリコレで映画がつまらなくなった」という意見を言う人ほど「愛国主義的」な保守層が多いと思うんだけど、人種のアファーマティブアクションや多様性の推進が進むほど、彼らの大好きな「日本人・日本の作品の海外進出」が実現するということは考えないのだろうかアメリカのマイノリティが自分のルーツの国の音楽やカルチャーと触れることで自分探しを行うのと同じように、日本にいる人たちも日本から外国に出たひとたちから学べることはたくさんあるのではないだろうかと思う。実際のマーケットリサーチも、自分たち日本人が海外からどのように見られているのかも、自分たちの同胞が海外でどのような活躍をしているのかも知らずに、日本のものを輸出して海外展開したいなどと呑気に言うだけでは、上記のZ世代マーケットの複雑な思想を加味しても全く効果がないことは明白だ。

自分はどういう人間なのか。アジア系アメリカ人とはどういう存在なのか。クィアコミュニティの歴史とはどのようなものなのか。自分が属するコミュニティはどのような社会的立ち位置にいるのか。アクティビズムや「自分の失われたルーツにつながりを持ち、「再び学び直す」ことがムーブメントになっているZ世代は、歴史を学び直し、同じような体験を共有する人たちとインターネットでつながり、カルチャーを通して、自分というものへの解像度を上げていく。自分という存在をアップデートし、伝統にリスペクトを示しながら自己流でアレンジするような個性の表現を、Z世代は尊重するのだと考えると、次世代アイコンとして名高いシンガーでモデルのRina

Sawayamaやラッパーの Lil Nas X などの人気にも納得がいく。

対して、R&Bやヒップホップ音楽を作っているのに黒人の人種差別問題に関心がなかったり、オルタナティブの精神を主張しているのに社会問題に声をあげなかったり、というように、自分たちが作っている音楽のルーツにリスペクトがないアーティストは論外だと思う。日本のラッパーたちが今でもNワード（黒人を侮蔑する呼称）を使っていることなどが度々議論になるが、そもそも黒人のカルチャーに乗っかっておいてそれにリスペクトも学ぶ意欲もないことは、ただの cultural appropriation（文化の盗用）として、世界から見たら強く批判される対象だ。

これはアメリカも日本も含めて、音楽などの作品を作って広めたいと考えている人たちに伝えたいことだが、人種問題や搾取の構造、国民性の歴史的な背景や植民地の歴史などが大幅に見直され、特に若者世代が敏感になっているような状況において、最低限の興味を持たないことは、音楽に対しても本質的に無関心であることを示しているようなものだ。音楽と政治、文化と歴史、個人と社会が密接につながっていて、かつその「繋がり」を強く意識した個人や作品が支持されているような現代において、そのような姿勢は単純に現在のグローバル市場に向いていない。音楽的な話で言えば、ルーツにリスペクトが持てないということは、表層的な音楽を作ってファッションでやっているということとさほど変わりないと受け取られてしまう。「そんなに難しく考えなくても」と言う人もいるかもしれないが、実際音楽や映画など、カルチャーの力を信じ、そこから「何か感じ取って欲しい」というのであれば、若い世代の切実な叫びを聞き入れることがまず大前提なのではないだろうか。大衆が何かを支持する現象を表層的なマーケティングやトレンドでのみ分析することが近年の日本では一般化してしまっているが、文化にまつわる「成功の理由」を理解するには、裏で全てを支えている「社会」について顧みる必要がある。作品を作る側も、何かしらの形の「リーダー」を送り出す側も、それを支持する側も、極めて浅はかな視点でしか「消費」できないのだとしたら、それを海外という厳しい市場に、そしてZ世代という厳しい論客の前に持ち込む前に、一度自分たちの行いを省みてほしい。

＊1　https://www.plannedparenthood.org/learn/teens/sexual-orientation/what-does-queer-mean
＊2　https://www.pewresearch.org/social-trends/2018/11/15/early-benchmarks-show-post-millennials-on-track-to-be-most-diverse-best-educated-generation-yet/

第3章

私にとってのオリヴィア・ロドリゴ現象
――もう搾取はされない

オリヴィアは2022年のグラミー賞で3部門を受賞した。
Photo:Getty Images

いまアメリカでは、歌手のオリヴィア・ロドリゴ（2003年生まれ）がZ世代の間で革命を起こしている。グラミー賞初参加にもかかわらず7部門にノミネートされ、最優秀ポップ・ソロ・パフォーマンス賞、最優秀新人賞、最優秀ポップ・ボーカル・アルバム賞の3部門を受賞した。デビューシングル“drivers license”は現代のティーンの失恋や苦しみを見事に表現し、世界中の若者を虜にした。

彼女は元々はDisney+のドラマ『ハイスクール・ミュージカル：ザ・ミュージカル』のニ二役としてドラマ好きの間では知られていたが、2021年に入ってほぼ無名の状態から一躍大スターへと昇りつめた。アメリカでは今インターネットで最も注目されている人物と言っても過言ではない。デビュー曲“drivers license”はSpotify史上最大のヒットとなり、Z世代だけでなくミレニアル世代の間でも大きな話題になった。5月21日にリリースされた初めてのアルバム『SOUR』は悩めるティーンのリアルな視点と楽曲のクオリティの高さによって、新時代の「Z世代の音楽」として世界に紹介された。デビューアルバムが『Billboard 200』に登場する前にアルバム収録曲2曲が「Hot 100」の1位を獲得した史上初のアーティストとなり、TikTokを開けば、オリヴィアの曲を使った動画がとめどなく流れ、Twitterではミレニアル世代たちがZ世代以上に『SOUR』収録曲の歌詞を引用して共感を語ったり、自分たちがそもそもティーンエイジャーに共感していることに対する自虐的なジョークを発している。

そもそも、なぜ一人のアーティストのデビューがここまでセンセーショナルな反応を呼び、「Z世代vs.ミレニアル世代」の新たな世代間論争まで巻き起こしているのか？　ティーンのポップスターが生み出す熱狂からは、「Z世代的な価値観」が生まれるまでの過程、そしてミレニアル世代が直面している社会的な困難が見えてくる。

レトロへの憧れ

アーティストの宣伝が行われる主な場所がCDショップや雑誌からSNSへと移行したことにより、音楽作品を世にリリースするだけではなく、楽曲とアーティストイメージを繋げるような「世界観」の形成がますます重要になっている。オリヴィア・ロドリゴの成功の理由の一つは、いかにもZ世代が好きそうなものをまるまる落とし込んだような、統一された〝aesthetic《エステティック》（美的価値観）〟にある。楽曲の背景にあるストーリーをまるで「普通のティーン」のようにTikTok動画を通して伝え、ティーザーやジャケット画像ではInstagramで流行っている色味や質感を使い、2000年代初期のトレンドを総称する「Y2K」のファッションを身に纏っている。例えば、『SOUR』のジャケット写真でオリヴィアは'90年代に爆発的な人気を誇ったデザイナー「リサ・フランク」の作風を彷彿とさせるシールを顔にたくさん貼り付けている。さらに、Instagramで彼女のアカウントにアクセスすると、誰でも自撮りする際に顔にシールを貼ったように見えるフィルターを使い、ジャケット画像を再現することができる。まさにこの「'90〜'00年代リバイバル」こそがZ世代の「経験していない時代への憧れ」の現れであり、ミレニアル世代にとっては「子供時代を思い出させる懐かしい」魅力を持ち合わせている。

1990年代中ごろから2000年代に生まれたZ世代は常にテクノロジーの進化とともに成長し、ありとあらゆるコンテンツにいつでもアクセスできる。情報過多社会に慣れてしまっている彼らはファストファッションが身近にあり、InstagramをはじめとしたSNSでの「インフルエンサー」たちがさらにそのトレンドの周期を加速させている。ここ数年で、Z世代ファッションとY2Kファッションは切っても切れない関係になってきたが、その背景には「よりシンプルな時代」への憧れがある。ミレニアル世代まで存在していた「プレティーン」（11～12歳）の枠組みさえSNSによって消え、今や子供の頃から大人と同じコンテンツを消費している。恐ろしいとも言えるそのスピードの中で、Z世代が憧れを抱くのは、セレブたちの写真から想像することしかできない、ケータイにキラキラしたデコシールを貼ったり、派手な配色のファッションを楽しんだりしている、スマホがまだなかった時代、つまり彼らが「ほぼ経験していない、近未来のような過去」である。コロナウィルスによって貴重なティーン時代を奪われ、いくつもの大不況を経験し、気候変動の危機に晒されているZ世代にとっては、２０００年代初頭のファッションやカルチャーから漂う「明るい気楽さ」は夢のようなファンタジーであり、これは日本のZ世代がバブル期に漠然としたファッショナブルさを感じている現象に近いように感じる。

さらに、この「レトロ回帰」には、Z世代的な価値観である「持続可能性」も影響していると考えられる。Z世代のメンタルヘルスを著しく悪化させる原因の一つでもある環境問題に対する緊迫感は、「ファストファッションよりも古着を買おう」というムーブメントにも結びついている。古着スタイルの流行や「Depop」などのアプリで簡単に古着が売買できるようになったこともあり、過去に流行ったファッションが再燃しやすくなっているのだ。このような背景を踏まえた上でオリヴィアのブランディングを見ると極めて必然的でありながら、同時にZ世代とミレニアル世代両者に共感を生むように秀逸に作り込まれているようにも見える。

音楽的には、さらにわかりやすく「ノスタルジア」が彼女のテーマの中心になっている。コロナ禍で大躍進を遂げた歌姫デュア・リパが'20年にリリースしたアルバム『Future Nostalgia』で'70年代ディスコ、'80年代ダンス・ポップ、'90年代クラブ・ディスコを再構築したのと同じように、『SOUR』はZ世代のリスナーにとっては「新しい」音楽体験を提供し、ミレニアル世代にとっては「懐かしさ」を提供している。例えばリードシングル"good 4 u"は、2007年にリリースされたパンクバンド、パラモアの"Misery Business"にサウンドもメロディも非常によく似ており、ファンによる2曲を融合したマッシュアップ（複数の曲をミックスして一曲にするアレンジ）がたくさんシェアされているほどだ。注目すべき点は、これが「パクリ」や「オリジナル性がない」として批判されず、むしろ大きく歓迎されて大ヒットの要因となったことだ。「パンクロックは死んだ」と音楽好きの大人たちは言うかもしれないが、Z世代は今パンクに熱狂している。例をいくつか挙げるならば、ウィル・スミスのZ世代の娘ウィローがポップパンクをテーマにした楽曲をリリースしたり、人気ラッパーのマシン・ガン・ケリーがポップパンクのレジェンド的存在のバンドBlink-182のメンバーと共作でパンクをテーマにしたアルバムをリリースしたり、人気TikTokerのjxdn《ジェイデン》がポップパンクを作風に取り入れたりしている。

失恋や学校生活での葛藤など、ティーン特有の悩みを描いたのは決してオリヴィアが初めてではない。アラニス・モリセット、フィオナ・アップル、フィービー・ブリジャーズ、テイラー・スウィフト、アヴリル・ラヴィーンなど、先駆者となっている女性シンガーたちから得たインスピレーションをそのまま楽曲に反映している。'90年代や'00年代の音楽を知らないティーンたちにとっては新鮮に感じられ、リアルタイムでその時代を経験している世代は懐かしく感じる。この「世代間の差」を結びつけることで、新たなカルチャーを生み出しているのだ。

しかしぱっと聴いた時の音やメロディは過去の作品から影響を受けながらも、歌詞の内容は現代に合わせて大きく変えており、倫理観が進歩していることが注目されている。例えば先ほど挙げたパラモアの"Misery Business"は「お前の彼氏を奪ってやったぜ」という、過去に流行った「女の敵は女」的な構造をテーマにしており、バンド自身が現在はこの曲のメッセージを問題視して、ライブで演奏することをお蔵入りにしたほどだ。一方、オリヴィアの"good 4 u"では「まぁよかったじゃん、おめでとう」という(皮肉のこもった)意味合いのタイトルの通り、別の女性に乗り換えてしまった元彼に向かって怒りを表明している。決して相手の女性を敵視することなく、自尊心を守るために自分と向き合い、怒りの所在を明確にしている。なぜ葛藤しているのか、なぜ悲しいのかが非常に明確であり、ある意味マインドフルでセラピー的な自己分析がされているのだ。他の楽曲でも失恋や浮気や裏切りではなく、自己嫌悪や孤独感を歌っているものが多く、さらには「私は頭良くないしクールじゃないし、縦列駐車さえできないの」という歌詞に見られるように、ある意味平凡でスキャンダル性が低いテーマが多く使われている。似たようなサウンドとメロディでも、現代的なテーマで生まれ変わったポップソングを生み出したことが高く評価されている。

ミレニアル世代が10代だった頃のセレブやスターのメディアでの扱われ方と、現在の有名人の扱われ方も大きく変化している。ブリトニー・スピアーズがパパラッチやメディアにひどく女性蔑視的で人権を侵害したような扱いを受けていたことを暴いたドキュメンタリー『Framing Britney Spears』、テイラー・スウィフトがいかに政治的な発言をタブー視されていたかについて赤裸々に語った『ミス・アメリカーナ』などの公開によって、女性スターのメディアでの扱われ方を世間が再考するきっかけが生まれた。例えばテイラーが音楽ジャンルをカントリーからポップスに移行させて大きなバッシングに遭った時とは裏腹に、オリヴィアの音楽性の統一感のなさは特に批判に値することとして捉えられておらず、むしろ伸び伸びとした若者らしさが高く評価されている。スターに対してメディアが過去にひどい扱いをしていたことを、メディア自身やファンが自覚し反省したからこそ、今のオリヴィアのアルバムのようにジャンルがごちゃ混ぜになっていてもむしろ冒険的で良いこととして認識されているのだ。ジャンルの評価やアーティストの活動方針の受け取られ方は時代によって変わり、学びによって変わっていくことを強く実感できる出来事だった。『SOUR』のアルバムの1曲目で、オリヴィアは「搾取されなければ、私は一体何者なのか」と叫ぶように歌っているが、まさにこの疑問こそが今を生きるZ世代が共鳴する「リアル」なのだ。

メンタルヘルスへの意識の変化

ポップパンクの女王アヴリル・ラヴィーンは過去に『i-D』誌のインタビューにて、このような発言をしている。「トレンドは移り変わりますが、歴史は繰り返されます。（昔と同じように、今でも）同じような反抗心を抱いている人はいますが、同時に自分の感情やメンタルヘルスについてもっとオープンで正直になっているように感じます。だから今日のエモ（というジャンルの音楽）の生々しさは、多くの人にとって非常に親しみやすいものになっているのだと思います」。

アヴリルが語る通り、そしてこれまでに書いた通り、ミレニアル世代とZ世代の間でメンタルヘルスに対する意識が大きく変わっている。メンタルヘルスに関する情報にアクセスしやすくなったことや社会的なスティグマが減少したことがその原因として挙げられているが、その変化はポップカルチャーに大きな影響を与えている。オリヴィアの歌詞においても、自身と向き合った上で自分が置かれた立場を客観視し、皮肉を込めてリアルに吐き出していることが特徴的だ。Z世代のTikTokerが「鬱にはもう飽きた」とか「人生がつまらなくて嫌」と不特定多数に向かって叫び、コメント欄で「ほんとわかる」という共感を自然に生み出す構図と同じなのだ。

また、オリヴィアの父親がセラピストであることも度々SNSでは話題になるが、それはメンタルヘルスの重要性が彼女の歌詞の隅々に行き渡っているからだ。自分の葛藤や苦しみ、憎しみを細かく分析し、俯瞰しているからこそ、ティーン特有の行き場のないモヤモヤを発散させるのではなく、冷静に自分の感情を吐露した、ある意味洗練された歌詞に仕上がっている。元彼への悔しさをぶつけた失恋ソング"good 4 u"ではその彼に紹介したセラピストの話が登場したり、SNSによって精神的に揺さぶられてしまうことを歌った「jealousy, jealousy」ではエンパワメントやフェミニズムが当たり前になった社会においてもなお、自分よりも美しく、人生を楽しそうに生きている女性たちを羨む自分に対する苛立ちを綴っている。SNSが作り上げてしまった幻想、他人と比較することが生み出す毒、そしてインフルエンサー文化が若者の自己肯定感を下げる社会的影響力などについて客観的に内包しているのだ。赤の他人を羨ましいと思うこと自体おかしいと分かっているのに、それでもなお羨ましいと思ってしまう自分への嫌悪感。社会によって女性の自尊心が傷つけられやすいことを重々理解した上で、無駄にハッピーで明るい曲でもなく、絶望的に暗い自己嫌悪を歌うわけでもなく、自分自身に納得して受け入れられるようになるまでの過程を言語化している。

このように複雑な感情を落とし込んだ歌詞が共感を呼んでいるのは、彼女がアジア系のハーフ（父がフィリピン系）であることも影響している。白人中心的なエンターテインメント業界において子役として幼い頃から活動していた彼女は、きっと「自分にはないもの」を持った人たちと自分を幾度となく比較したり、大人たちに搾取されることで自己嫌悪に陥ったのだろう（"drivers license"でも「あなたはあのブロンドの女の子と一緒にいるんでしょ」という歌詞がある）。マイノリティ、アウトサイダーならではの共感の呼びやすさに加えて、誰もが憧れるブロンドの「オールアメリカンな美人」ではなく、セクシーなエキゾチックさでもなく、「その辺にいそうな可愛い子」だからこそ聴く側が自己投影しやすいという面もあるのだ。

過去のポップスターたちとの違いは、まさにその「自立性」が確保されている（少なくともそう見える）ところにある。ドキュメンタリー『Framing Britney Spears』に全米が騒然としたが、メンタルヘルスへの理解の重要性やポップカルチャーが生み出してきた女性蔑視の現実に対して目を向けるように、中心となって声を上げてきたのはZ世代だった。女性をモノとして扱ってはいけない、有名人にも人権とプライバシーがあって彼らが楽しく健康的に活動できるよう応援すべきだ、といった共通認識を作り上げたのだ。

Z世代vs.ミレニアル世代

ミレニアル世代が若かった頃には、セレブは「監視と批判」の対象だった。現在でもその構造は変わっていないが、「監視」は大手メディアのパパラッチから一般のSNSユーザーへ、そして「批判」は女性蔑視的な視線を含んだもの（アバズレという蔑称など）から、倫理観の欠如に対する社会的責任の要求へと変わっている。その変化の大きなきっかけは、世論を形成する中心的な力がマスメディアから一般人が議論する場としてのSNSへと移行したことにあると考えられる。タブロイド紙をはじめとしたメディアはつい最近まで女性スターが新しい恋人を作れば「尻軽女」と形容したり、体重が増えれば「デブ」と揶揄していた。このような行為がいかに性差別的で倫理観に欠けているか、多くの問題提起と反省が積み重ねられたことによって現在は明らかになっているが、'90年代に育ったミレニアル世代の女性たちはこのような「恥」と「自虐性」を幼い頃から植え付けられてしまっているのだ。

もう一つ、オリヴィアを巡って起きている議論の一つは、「主なファン層はZ世代なのか、それともミレニアル世代なのか」というものだ。実際、TikTok で彼女の音楽をカジュアルに使用しているのは主にZ世代のように見えるが、Twitter やブログなどで歌詞を深く分析し、自身のティーン時代の体験と重ね合わせるなどして話題を作っているのはミレニアル世代である。そして、「ミレニアル世代がオリヴィア・ロドリゴ聴いてるなんておかしい」と揶揄するZ世代はほとんど存在しないにもかかわらず、ミレニアル世代は自ら「18歳の子の音楽に共感しているなんて変だよね」といった風に、自虐ネタを展開しているのだ。

実際のところ、Z世代はミレニアル世代に対して嫌悪感を抱いているわけでも、敵視しているわけでもない。多くの場合、ミレニアル世代の「自虐」を含むジョークは、特に根拠がない。このような現象は「ミレニアル世代は責任感がなくていつまでも子供っぽい」と上の世代に言われ続けたことによる自信の無さの表れではないかと考えられ、日本でいう「ゆとり世代」に植え付けられた偏見とそれから生まれる自虐的な発想にも近い。

もちろん、ミレニアル世代がティーンだった頃に聴いていたパラモアやアヴリル・ラヴィーンのようなサウンドに懐かしさを感じていることは容易に想像できる。しかしそれ以上に、かつての音楽業界のように大人たちによって「若い子はこういうの好きでしょ」というふうにパッケージングされているわけでもなく、かといって過剰に大人っぽさを演出しているわけでもなく、アーティストの「ありのままの音楽」が魅力的で、それがたまたまティーンの女の子によって作られていた、ということなのではないだろうか。リアルタイムでその音楽を楽しんでいた人たちにはノスタルジックに感じられるオマージュなどを豊富に用いることで、「若者」でなくとも、「若者文化」は楽しめるようになっているのだ。

「Z世代vs.ミレニアル世代の論争」についての英語圏の記事が度々話題になるが、それらの記事では定期的に新しい対立事項やボキャブラリーなどを用いて世代の差を描写している。例えば、最近スラングとして頻繁に使われている単語“cheugy”《チューギー》は、スキニーデニムや派手な柄のレギンスなど、主に「ミレニアルっぽいダサいもの」を形容する際に用いられるが、それもZ世代がミレニアル世代を揶揄するというよりも、単に自虐的にミレニアル世代が使っているだけの場合が多い。

ミレニアル世代とZ世代は、メディアが作り上げている「世代間の違い」よりも、大人たちが作り上げてしまった負の遺産の尻拭いをさせられている点では、はるかに共通点の方が多いのだ。特にジレニアル世代（ミレニアル世代とZ世代の中間点、つまり基本的には1993年から1998年の間に生まれた世代）[*1]は、ミレニアル、Z

世代の文化共に共感できるような部分も多く、どこかではっきりと線引きできるわけでは決してない。ティーンが作った音楽を楽しんでいることを自虐的に思わなくとも、Z世代と同じ音楽に魅力を感じていること自体がそれを証明している。

こうしてオリヴィア・ロドリゴに対するZ世代とミレニアル世代の「共感」を比較すると、一般的に言われている「Z世代的な価値観は全く新しい価値観だ」という言説は本質的ではなく、実際には前の世代が経験し、反省することで乗り越えた負の部分をポジティブなものに書き換えることによって、Z世代的価値観が生まれていることが見えてくる。

最近、TikTokの超有名インフルエンサーたちがたくさんの投資を受けて続々と歌手デビューしているが、彼らの音楽のクオリティの低さが問題視されている。「SNSでのフォロワー数」だけでは、Z世代からの評価と支持は得られないのだ。「Z世代はSNSが全て」「話題性の高いインフルエンサーならなんでも売れる」と思われがちだが、それと比較するとオリヴィアはキャラクター性がやや地味でありながら、ベッドルームポップっぽい「パーソナル」な切り口を誠実に活用することで、音楽好きに評価されているところが画期的だ。ギミックやハックなどの「騙し」に依存するのではなく、アーティストや音楽が本来持っている力を大切にし、それを必要としているオーディエンスを見出したことが、オリヴィア・ロドリゴというアーティストのデビューのマーケティングにおける最大の功績だと感じる。「お手軽」な音楽を作ることでTikTokでの一発ヒットを狙う人が増えているからこそ、誠実な音楽を作る人たちに対する信頼も同時に強くなっていく。流行のサイクルがどんどん加速している今は音楽業界に限らず、様々な業界で「誠意」と「信念」がますます重要になっていくのではないだろうか。

社会やメディアはまだ若いスター、特に女性の扱い方を完璧に理解しているわけでもなければ、過去の間違いをすべて反省したわけでもない。「Z世代の代弁者」「Z世代を代表する新世代スター」などと、善意を持って紹介しているつもりでも、他の同世代の女性アーティストと比較したり、少しでも間違えたら袋叩きにすることは、結局は過去と同じ過ちを犯し、アーティストを搾取し、傷つけることになる。オリヴィア一人に対して過度な期待を持つのではなく、彼女の音楽がなぜ支持され、世代間でどのような反応が生まれ、その背景にはどのような社会的な変化があったのかを理解することが、業界の人々やリスナーのメンタルヘルス、そして次世代の若者たちの健康と安全を守るためには必要なのではないだろうか。彼女を一人のアーティストとして人間性を尊重し、芸術として音楽を評価し、自己投影をしすぎないこと、そして若さを搾取しないことがリスナー側に求められている。

＊1 https://www.glamourmagazine.co.uk/article/zillennial-generation

✦ 第4章 ✦

私にとってのSNSと人種問題
——「文化の盗用」って？

黒人の振り付けたダンスでTikTokの人気者になったチャーリー・ダミリオ。
Photo:Getty Images

いまアメリカでは、Z世代の間で「SNSと人種問題」の革命が起きている。

Z世代といえば、人種差別に敏感で、Black Lives Matter のデモに参加したり、SNSでお互いに政治や歴史について学び合ったりしているというイメージが強いだろう。実際、Z世代の90%がBLMムーブメントを支持しているという統計の通り[*1]、上のミレニアル世代やX世代に比べて、Z世代の多くが「リベラル的」かつ「ラディカル」な価値観を持っていることは事実だ。さらに、アメリカにおいて最も人種的にもジェンダー・セクシュアリティ的にも多様な世代のため、様々なカルチャーを取り入れる傾向がある。このことから、Z世代では未だかつてないほどヒップホップやR&Bがメインストリーム化し、ファッションにおいても黒人カルチャーから受け継がれたスタイルが流行している。

黒人文化がこれほどまでに大衆に「受け入れられている」状況がありながら、一方で人種差別が根強く存在しているため、後述する「デジタルブラックフェイス」を含め、ＳＮＳプラットフォームで構造的な人種差別が横行していることが問題になっている。Ｚ世代の多様化とインターネットカルチャーのめまぐるしい変化が合わさることによって、議論を尽くす間もなく新たな差別構造が生まれてしまっているのだ。

毎日TikTokトレンドが移り変わり、毎時間Twitterで新たなバズが生まれている。ＳＮＳ上で生まれるカルチャーの変化の激しさは、倫理観に関する問題も同時に生みやすい。白人が黒人文化を盗用したり、１８３０年代に登場したと言われる「ブラックフェイス」（顔を黒く塗って黒人の扮装をして演じる舞台メイク）をはじめとした黒人を差別的に描写したりする行為は、アメリカ社会で長く続いており根深い問題となっている。だからこそ今の若者たちが「流行っているから」「親しみを込めて」という理由で黒人の言動を真似たり、ステレオタイプとされている特徴をコミカルに流用することの危険性を理解する必要があるのだ。白人女性がエンターテインメント業界で地位を得るためにブラックフェイスを使用したり、黒人のキャラクターを演じたりした例だけでなく、ブラックミュージックをエルヴィス・プレスリーやビートルズが取り入れると彼らの方が発祥者である黒人よりも圧倒的な支持を集めたことなど、ポップカルチャーの歴史と「白人による黒人文化の盗用と抑圧」は切っても切り離せない関係にある。

デジタルブラックフェイスとは、SNSの書き込みに「黒人風」の英語を用いたり、「黒人っぽい」言動を使った動画を投稿したり、「黒人らしさ」を用いてオンライン上でアイデンティティ形成をすることを指す。読者の中でもTwitterで感情表現をするために、映画やドラマなどのワンシーン、または著名人の面白い動作を切り取ったGIFを使用したことのある人は多いだろう。興奮を表すためにオプラ・ウィンフリーが両手を挙げている動画を用いたり、呆れを表すために『ル・ポールのドラァグ・レース』のセリフを用いたりするなど、黒人のイメージがGIFで多用されていることが近年問題視されるようになり、最近ではこの「黒人のGIFを用いること」もデジタルブラックフェイスの一つとして挙げられている。このようなミームは、元の文脈から表層的なイメージのみが切り離され、全く新しいネットカルチャーの文脈に置き換えられてしまう。社会の中で「攻撃的」「感情表現が過剰」とレッテルを貼られがちな「黒人らしさ」が、ネットカルチャーの中では「面白みのあるアイデンティティ」として利用されてしまうのだ。SNSで喜びや怒り、悲しみなどを表現する際に、黒人が大きなリアクションをとる動画のGIFが多用されている状況は、多くのことを物語っている。このようなステレオタイプは決してインターネット上だけに存在しているわけではなく、社会の中に根強く残る偏見や、メディアによって形成されてきた人種イメージという、現実の表れなのだ。

「アメリカのＺ世代は社会問題に敏感で、TikTokでもアクティビズムを広めている」というステレオタイプが存在するが、必ずしもＺ世代全員が倫理的に正しい行為を行っているわけでも、歴史や文化に関する知識があるわけでもない。例えば、白人の若者が悪意なく黒人やアジア人などの有色人種の見た目や話し方、ライフスタイルなどを真似ている動画は多数存在する。そのような動画には「これは敬意のない文化の盗用でありレイシズムである」という批判がコメント欄にたくさん付くことが多い。しかしＳＮＳ上では、「良い意味」のつもりでマイノリティ的な要素を取り入れて自己を装う行為がカジュアルに行われているのが実情だ。

　例えば、髪型をコーンロウ（頭髪全体を細かい三つ編みにするスタイル）にしたり、黒人のアクセント（blaccent）を使ったり、肌の色を黒くしたりして黒人の血を引いていると主張し、後にそれが嘘であると明らかになったことでInstagramで有名になったWoah Vicky《ウォア・ヴィッキー》は２０００年生まれのＺ世代だ。彼女ほど過激な例でなくても、黒人が直面する差別を受けずに、ブラックカルチャーを用いることでＳＮＳ

のフォロワーをふやして注目を集めようとしている人は後を絶たない。Z世代にとって黒人文化はクールでファッショナブルなものなのだと、ポジティブに捉えることもできるかもしれないが、差別的な意図がなくても、SNS上で偏見を助長するような行為は現実の社会にも影響を与えるし、「親しみを込めてやっているのだ」という主張が当事者を抑圧する可能性もある。

黒人以外が自身の感情を表現するために黒人のイメージを用いることは、いつでもその「黒人らしさ」をやめられる人による勝手な行為であり、およそ200年にわたってアメリカで形を変えながら続いてきたブラックフェイスの一種であるとして、若者たちへの啓蒙活動が行われている。Black Lives Matter ムーブメントを支持するZ世代たちは、自身も白人至上主義や黒人差別の歴史や慣習が今でも根深く残る社会の中で生きていることを自覚し、そのことについて学ぶ必要があると考え始めているのだ。

黒人コミュニティの言語文化

「periodt（以上！）」「yass（やったー、わーい）」「slay（めちゃイケてる）」「chill

（ゆるい）」などの言葉は、近年「Ｚ世代スラング」や「ネットスラング」と呼ばれることが多い。Ｚ世代が使うスラングがあまりに他の世代と異なるため、世代特有のものだと広く認識されているのだ。２０２１年５月８日にイーロン・マスク氏がSaturday Night Live に出演した際に、『Gen Z Hospital』というタイトルのスキット（寸劇）を行ったが、それはＺ世代が大人たちには理解不能な言葉を使うという現象を嘲笑するものだった。このスキットが大きく批判されたのは、この「Ｚ世代スラング」が実際にはＡＡＶＥ（African American Vernacular English）、つまり黒人英語に由来しているからだ。ＡＡＶＥ自体は確立された言語の体系であり、今日に至ってＳＮＳやポップカルチャーと絡み合い、黒人以外のコミュニティでも多用されるようになり、元の文脈の意味を失いつつある。

　アフリカの様々な言語の影響を受けており、起源はアメリカの奴隷制度にまで遡ると言われているＡＡＶＥは、アフリカ系アメリカ人にとって重要な文化である。アフリカ系アメリカ人は強制的に奴隷として売られるために祖国から引き離され、自分たちの言語を話す人たちとも隔離された。コミュニケーションを取るためにさまざまな障壁を乗り越えて確立した言語であるにもかかわらず、その独自の文法や単語、アクセントは長年「ゲットー・トーク」と呼ばれ、「正式な英語」ではないとして現在でも学校やプロフェッショナルな場において厳しく抑圧されている。黒人がＡＡＶＥを使うと、レイシズムが組み込まれた社会規範によって、嘲笑の対象にされてしまうのだ。黒人はこの規範に従うため、そしてより社会に溶け込むために、「プロフェッショナルな英語」とＡＡＶＥを使い分ける、いわゆるコードスイッチングを習得せざるを得ない状況に常に置かれている。

つまり、黒人が用いると「無教養」だと蔑まれたり、貧困、ドラッグ、ギャング、暴力等と関連づけられたりしてしまうような言葉遣いが、今ではメインストリームのポップカルチャーやインターネットで黒人以外によって享受されているという矛盾が生じているのだ。ＡＡＶＥのフレーズが突然流行したり、ミームとなってたくさんの人に認識されることで、ＳＮＳやＺ世代特有のスラングであると誤解されてしまっている。Ｚ世代以外の世代の間でも流行は見られるが、特にＳＮＳやインターネットの発展とともに成長してきたＺ世代の価値観や言葉遣いは、ＳＮＳ上で行われるコミュニケーションから大きな影響を受けやすい。

ＡＡＶＥの背景を知ることなく、「なんとなく流行っているから」「なんとなくユーモラスだから」という理由で黒人風のアクセントを用いることは、黒人たちが長年味わってきた苦労や抑圧を矮小化することにつながってしまう。「クレイジー・リッチ！」や「フェアウェル」などで知られるコメディアンで俳優のオークワフィナはアジア系アメリカ人だが、彼女もblaccentをコメディ的な文脈で用いることで強く批判された経験がある。ある文化や言語を、別の文化に属する者が、「文化を生み出したコミュニティへの還元」にならない形で個人的な利益のために使用することは、「文化の盗用」にあたるとして問題となっている。日常会話の中でも浸透している「Ｚ世代スラング」だが、それらがどのような語源を持ち、どのような社会的意味を持つのかについて学び、自身のバイアスについて問い続けることが重要だ。ＡＡＶＥがトレンドとして消費され、使い古された結果、「ダサくて時代遅れのもの」になってしまうと、最終的にはＡＡＶＥを生み出した黒人たちに被害が及ぶことになるからだ。

黒人文化の盗用

TikTokは、もはやティーンの暇つぶしのためだけのアプリではない。政治思想を共有したり、社会問題を議論したり、メンタルヘルスについての知識を学んだりする場であり、新たなポップカルチャーのセンセーションが巻き起こる震源地でもある。

世界的に影響力を持つプラットフォームであることは否めなくなっている。

TikTokがメインストリームになっていく過程で、様々な分野のクリエイターも有名になっていった。初期の段階から今に至るまで、TikTokで「メインコンテンツ」として扱われ続けているのは「ダンス動画」だ。音楽と振り付けがセットで流行し、「チャレンジ」として多くの人が「真似てみた」動画をアップする。たくさんのアーティストがこのダンスチャレンジに楽曲が使われて「バズ」ったことをきっかけに有名になっており、音楽業界の売れ方のニューノーマルになりつつある。そして今、TikTokダンスの振り付けを真似して有名になったクリエイターのほとんどが白人で、その振り付けを元々作ったのは黒人クリエイターである、という不均衡性が問題になっているのだ。

2021年6月11日に人気ラッパーであるMegan Thee Stallionが新曲"Thot Shit"をリリースした。非常にキャッチーで、いかにもTikTokダンスにぴったりの曲だ。しかし、数日経ってもトレンド入りするような振り付けは生まれず、「黒人クリエイターのストライキ」がネットメディアで広く報道された。普段は新曲が出たらすぐに振り付けを考えてトレンドを生み出している彼らは、白人クリエイターたちにクレジット無しで振り付けをコピーされ、白人たちだけが有名になっていく状況に愛想を尽かしたのだ。つまり、TikTokを支えるカルチャーを生み出している黒人クリエイターたちが正当な評価と報酬を受けない状況に対して団結して、"Thot Shit"のためのダンスチャレンジを作らないと宣言したのだ。黒人のクリエイターたちの努力によってメインストリームのポップカルチャーが形成されているのにもかかわらず、彼らが搾取されている状況について注目が集まりつつある。

例えば「TikTokで最も有名で高収入」として知られているチャーリー・ダミリオは、２００４年生まれ。数々のテレビ番組に出演し、有名ブランドからのオファーも絶えない彼女は、「レネゲード」と呼ばれるダンスを広めたことで一躍有名になった。しかし、実際に振り付けを作ったのは当時14歳のジャライア・ハーモンであり、黒人のジャライアではなく白人のチャーリーが有名になっていったことには人種差別が影響していると批判されている。チャーリーと並んでTikTokで最も人気の人物の一人である２０００年生まれのアディソン・レイは「ザ・トゥナイト・ショー・スターリング・ジミー・ファロン」にまで招待され、TikTokダンスを披露したことで批判された。なぜなら彼女が踊っている振り付けのほとんどが、黒人クリエイターによって作られたものだからだ。

TikTokに限らず、ヒップホップをはじめとした音楽やファッションの世界においても、黒人によって作られた文化が白人によって流用された途端にメインストリーム化し、白人のみが利益を得る状況が長く続いていることはよく知られている。TikTokに対しては、白人クリエイターのコンテンツを優先的に表示するアルゴリズムを見直すことを求める声が上がり、エンターテインメント業界全体に対しては、元のコンテンツの生みの親をクレジットしたり評価したりするよう求める動きが起きている。

インターネットの発達とブラックカルチャーのメインストリーム化によって、社会問題や倫理観に敏感なZ世代までもが、現代にまで続いている白人による黒人文化の盗用に加担してしまっているのだ。つまり、子どもの頃からSNSが身近にあり、黒人文化を自然に見てきたZ世代が無自覚に黒人文化を取り入れてしまっている状況と、黒人差別に反対するために学びを続け、声をあげ、行動していることが同時に発生している。だからこそ、黒人がこれまでこうむってきた苦労や差別の歴史を学び、黒人と直接対話していくことも重要なのではないか。

さらに、多様な価値観が謳われるようになった現代だからこそ、歴史的に抑圧され、活躍の機会を得られなかった人たちがしっかり評価されることが必要だ。これは

SNSでの黒人文化を巡る問題だけにとどまらず、映画業界において、アジア人のキャラクターを白人が演じたり、アジア人に対するステレオタイプが作品で描かれたり、アジアの文化が表層的にファッションとして利用されたり、揶揄されたりすることにも共通している。多様な社会における文化の交流を促すとともに、それぞれの文化のルーツを学びリスペクトを向ける姿勢を示し、その文化を現在でも受け継いでいるマイノリティの人々に対して危害を加えていないか、抑圧していないかを常に考える必要がある。

Z世代は、セレブをはじめとした大人たちが過去に起こした文化の盗用の問題を見てきているし、著名人が差別的な行為をするたびにインターネットで批判される様子も見てきている。今ではZ世代自身が問題を指摘したり、お互いに学びの機会を与えたりしているが、彼らはその積み重ねによって、何が中心的な問題なのか、何が改善されなければいけないか、前の世代に比べると若い段階からよく理解しているように感じる。「文化を軽薄に使うくらいなら、せっかく多様な社会なんだし、本当に理解している人や当事者に活躍してもらうことこそが公平な社会への道筋だ」と考えているZ世代が増えていることもまた事実である。他の世代に対してもこのようなフィードバックが起きることによってはじめて多様な社会の中でフェアな環境が作られ、敬意と誠意のある文化の発展が生まれるきっかけを作るのだ。

＊1　https://www.businessinsider.com/how-gen-z-feels-about-george-floyd-protests-2020-6

私にとってのAsian Pride
――アジア系としてのアイデンティティ

『ミナリ』
ブルーレイ：￥5,280（税込）
DVD：￥4,180（税込）
発売・販売元：ギャガ

映画『ミナリ』はアメリカ映画界で大きな議論を呼んだ。

いまアメリカでは、「アジア系アメリカ人」の革命が起きている。前章で触れた黒人差別の問題もこれから触れるアジア人差別の問題も、実はアメリカでいまだに残る歴史的な白人至上主義に根付いている。それについてはまた誠実な考察が必要だが、ここではアメリカで生まれ育った自分が、行動や日々の小さな積み重ねを経て、どんなところで「革命」を感じるかについて、書いてみたい。

私も、いわゆる「アジア系アメリカ人」だ。小学校のクラスでアジア系はいつも1人か2人で、先生や同級生たち、街で出会う赤の他人から人種あてゲームをされるのは日常茶飯事だった。アジア人はダサくて真面目で勉強熱心というステレオタイプから逃げることができず、「自分」という個人を知ってもらう前に「人種」という壁が存在していることに、随分と苦しめられた記憶がある。

アジア系の多い大学に進学して初めて、自分と同じような葛藤を抱えている同世代の人々と接することができて、様々な束縛から解放された。と同時に、いかにアジア系アメリカ人の「ストーリー」が表には出ず、団結力が足りていないかを痛感した。アジア系と一括りで言っても、中国系、韓国系、日系、ベトナム系、フィリピン系などアジア圏内部での言葉や文化が非常に多様であるため、アジア系アメリカ人同士での連帯感は極めて薄く、内部で分断されていた。ところが最近、その「国」の壁を越えて、アジア系同士での結束が強まっているのだ。

ここ数年でBTSがグラミー賞にノミネートされたり、初の東南アジアのディズニープリンセスが『Raya and the Last Dragon（邦題『ラーヤと龍の王国』）』で誕生したり、2021年度のアカデミー賞で韓国系移民の家族の物語を描いた『ミナリ』が作品賞を含む6部門にノミネートされたりと、メディアを通してアジア系の活躍が大々的に盛り上がっている。この変化はアメリカ全体に衝撃を与えていると共に、アジア系の当事者たちの間でも大きなアイデンティティのシフトを起こしている。

しかし、このような活躍とまるで比例するように、トランプ前大統領をはじめとした人々の発言などにより、コロナウィルスの感染拡大のスケープゴートとしてコロナに対する怒りをぶつける対象にされたアジア系への人種差別も激化している。毎日のようにアジア人を狙った卑劣な殺傷行為や暴行が報じられており、コミュニティ全体に恐怖が蔓延している。２０２1年1月にはカリフォルニア州でアジア系の91歳の男性が見知らぬ男に突き飛ばされて負傷する事件が、2月にはニューヨーク市内でアジア系の36歳の男性が刃物で刺される事件が、3月にはアトランタ近郊でアジア系の女性6人を含む8人が亡くなる銃撃事件が起きるなど、数えきれないほど暴力事件が多発している。

活躍と差別、この相反する二つの要素が相互作用を起こし、さらにZ世代的なインターネットアクティビズムの影響によって、いまだかつてないほど強く可視化されたアジア系の連帯、そして“Asian Pride”が生まれている。静かに、しかし着実に、変化が起き始めているのだ。

今やアメリカの人口の6％をアジア系が占めているが、実は「アジア系アメリカ人」という言葉が生まれたのは１９６８年と言われていて、歴史は比較的新しい。当時カリフォルニア大学バークレー校の学生だった在米日系人のユウジ・イチオカ氏などがブラックパワー運動やベトナム戦争の抗議活動に触発され、大学の日系、中国系、フィリピン系アメリカ人の学生を団結させるために「アジア系アメリカ人政治同盟」を設立したことが言葉の起源だとされている。つまり当時は社会的平等、反差別、反帝国主義という政治的な思想を示す、自ら選んだアイデンティティの表明のために用いられる言葉だったのだ。

それから50年経った今、「人種を教えてください」と聞かれたら、「日本人です」「中国人です」と答えることには変わりないが、「アジア系アメリカ人」という言葉は現代でも個人的なアイデンティティや思想を表明する意味合いを持つ。ルーツがアジアのどの国にあろうと、同じ抑圧を受けるもの同士、そして「見た目」で一括りにされてしまう社会にカウンターするため、協力し合う意思を表明する言葉でもあるのだ。

ステレオタイプに押し込まれるアジア系

私が小学生だった頃は、『パラサイト』のようにアジア人が監督・主演の外国語の映画がアカデミー賞を受賞したり、BTSのようにアジア人のグループがグラミー賞にノミネートされるなんて、想像もできなかった。つい最近まで映画や音楽など、あらゆるメインストリームのエンターテインメントにアジア系が登場することは非常に少なく、登場したとしてもステレオタイプの枠に収まるような描写がほとんどだった。そのような描写によって、現実社会でもアジア人の男性はモテない、冴えないガリ勉だと決めつけられ、アジア人の女性は「エキゾチック」なものとして過度に性的に消費されてしまうという問題もあり、最近になってやっとその凝り固まった偏見が是正されつつあるような状況だ。

ステレオタイプとは多様な社会で情報をカテゴライズする際にどうしても生まれてしまうものではあるが、人間を「個人」としてではなく、「属性」によって判断することで、社会全体の可能性を狭めてしまう。アメリカでは、アジア系は「モデルマイノリティ（模範的なマイノリティ、マイノリティのお手本）」と呼ばれ、静かに努力を重ねることで出世し、賢いがあまり社会問題に対しては声を上げない人々というイメージを強く持たれている。当然、同じアジア系の中に多種多様な思想を持つ人が存在しているのに、外から全員同じステレオタイプに当て嵌めて見られてしまい、多様なカルチャーや個性の恩恵を受けることができない。さらに、アジア系の若者にとって想像できない職業や未来像を目指そうというのは、なかなか難しい。例えば、アーティストや映画監督に憧れていたとしても、テレビを見て自分と同じような見た目の人がいない職業や業界には自分は適さない、所属できないと、ステレオタイプや抑圧を内包してしまう問題も存在する。だからこそ音楽や映画を通して、歴史や文化、そして現在の「リアル」を伝える必然性があるのだ。

アジア系アメリカ人への差別や抑圧が軽視され続けたことについても、ＳＮＳを中心に違和感の声が上がり続けている。それはアジア人の文化では「声を上げる」という習慣があまりなかったり、社会に迷惑をかけずに静かに生きることを大切にしてきたことも影響している。しかし、２０２０年のBlack Lives Matterムーブメントの際に、人種差別の被害を受ける当事者として、特に新しい世代のアジア系アメリカ人が団結したことによって、目に見える変化が起きた。「全ての差別に対して声を上げげる」というZ世代的な価値観を持って、私たちはより良い社会を目指すためにInstagramで「アジア系アメリカ人の歴史について知ろう」という投稿を広めたり、地域のアジア系の高齢者を守るためのボランティアを行ったり、お互いのルーツについて学び合い、リスペクトするための対話を行ったりしている。

もはや2世、3世のアジア系は「〇〇人」であることのアイデンティティを失ってしまっている人も多いが、結局社会からは「アジア系」としてカテゴライズされるというジレンマを抱えていることには変わりない。自分自身、そして周りのアジア系アメリカ人の同世代たちも、例えば「勉強熱心で優秀なアジア人」というステレオタイプ通りにならなければいけないプレッシャーを感じたり、「アジア人らしくない」ロックやラップを聴くのを躊躇うことが多かった。「アジア系」である前に「私」という個人であるにもかかわらず、「アジア系」や「ハーフ」とカテゴライズされてしまうことが、特にティーン時代のアイデンティティの形成に大きな影響を与えた。また、そんな抑圧的なステレオタイプを打ち破るための活動を行っている人が増えており、SNSを通して自分と同じような境遇の人のストーリーを知り、共感することができるのも、ムーブメントの加速化に大きく貢献している。

一つ例を挙げるならば、Facebook にある“Subtle Asian Traits（さりげないアジア人らしい特徴）”というグループには約200万人が加入している。そこでは世界中、特に欧米圏に住むアジア系の若者たちが日々直面する「アジア系あるある」をミームやジョークを使ってユーモラスにシェアし、マイノリティとしての居心地の悪さや「アウトサイダー感」を共有し合うのだ。中には自分のアジア系としてのアイデンティティや葛藤をアートや音楽に落とし込んで表現し、シェアすることで共感の渦を起こしている人も多く、もはやルネサンス状態だ。若者に人気のアーティストの例で言うと、日常生活で感じる些細な「〝普通のアメリカの子〟にはなれない」という葛藤を恋愛の曲に落とし込むMitskiや、「普通」になれないからこそアウトサイダーになるしかないという諦めをポップに歌ったり、「ミックスでなければポップスターになっていなかった」と発言しているConan Grayなどが挙げられる。

そこにはいくつものレイヤーがあり、アジアのカルチャーをインスピレーションやモチーフに使用しているだけではなく、「アジア系として抱える様々なアイデンティティのクライシス」や「誇りと葛藤」が混在する、メランコリックな題材が多い。しかしこのようなメッセージはアジア人だけではなく、メインストリームの価値観に何らかの違和感を覚えているあらゆるマイノリティにも伝わり、共鳴するのだ。

映画『ミナリ』、BTSが変えたこと

2020年12月、アカデミー賞の前哨戦であるゴールデングローブ賞のノミネート作品が発表された際に『ミナリ』が作品賞の候補から落とされ、「外国語映画賞」というカテゴリーに入れられたことがアメリカではウェブ上で大きな議論を呼び、授賞式の差別的な体質までもが批判された。『ミナリ』は'80年代にアメリカ南部に、農業での成功を目指して移住してきた韓国人一家を描いた、監督の半自伝的映画だ。アメ

リカの制作会社と、韓国系アメリカ人の監督によって作られ、主演俳優も韓国系アメリカ人だ。韓国からの移民が「アメリカンドリーム」のために奮闘するストーリーは、紛れもなく「アメリカ人」の物語だ。

アメリカで育ったアジア人は、子供の頃から「猿みたい」と白人中心の美の基準に当てはまらない見た目をからかわれたり、「お弁当から変な臭いがする」とアジア料理を馬鹿にされることがよくある。そんな「違い」でいじめられる「あるある」の描写も含んでいる『ミナリ』を見た私は、細かい描写にグサグサと胸を刺されたし、移民の親を持つ人や、言語・人種の異なる地域に移住した経験のある人は、胸をえぐられるほど共感する作品ではないだろうか。だからこそ『ミナリ』が外国語映画としてしか扱ってもらえないことは、非白人や移民たちの〝アメリカ人〟としての物語を否定されているようにさえ感じられてしまう。そして同時に、「アメリカ」とは何か、という大きな問いまで投げかけられているように感じるのだ。

K-popが数年前から欧米で爆発的な人気を得ているのも、メインストリームのカルチャーで「自分と似た見た目の人」がようやく出てきたことに対する、若いアジア系アメリカ人のファンたちの嬉しさと誇りが大きく影響している。そして、音楽業界に革命を起こしているのはK-popだけではない。アジア各国にルーツを持つアーティストを世界に向けて発信している音楽レーベル「88rising」がアジア系のラッパーなどを起用し、Asian Prideを打ち出すことで、「アジア人でもカッコ良くていいんだ」「アジア人はただのガリ勉だけじゃない」とステレオタイプを打破し、次世代のアジア系アーティストの道を切り拓くことに大きく貢献している。

アジア系のアーティストたちは「アジア人」というアイデンティティについて何度も発言しているし、彼らの音楽からはそのルーツに対する誇りと、アジア人だからという理由で受ける差別や偏見についての葛藤、その両方ともが感じられる。彼らが大箱やフェスをアジア系アメリカ人の若者で満杯にするたびに、次世代のアジア系の若者たちの精神的な自由と芸術的な解放が進んでいく。アジア人だってクールな音楽を作るし、受賞にふさわしい映画だって作れると証明することは、大きな自信になるし必然性も感じるのだ。

アジア系アーティストが注目を集め、「アジア人が作る音楽」のジャンルや扱うテーマ、生み出すサウンドなどの範囲が広がっていることは事実だが、アジア系アーティストに対する人種差別的な発言や行為は決してなくなってはいない。非白人アーテイストが音楽業界で正当に評価されるようになるまで、まだたくさんの乗り越えるべき壁と議論されるべき問題が存在している。例えば、2021年2月にドイツのラジオMCがBTSに対して酷く人種差別的な発言を行ったことがアメリカのSNSで大きく話題になり、アメリカ国内で起きているアジア人へのヘイトクライムへの危機感も相まって、根本的なアジア人に対する差別に断固として向き合い、連携するべきだという声が高まった。この一つの事件をとっても、アジア人に対する差別的な意識が強く存在していること、そしてコロナウィルスの流行をきっかけにそれがさらに増幅されたことが明確にわかる。

BTSに対するこのような差別的な発言も、数年前だったら無視されていた可能性も十分考えられる。しかし、今は違う。かっこ悪いとされていたアジア人のステレオタイプを、K-popなどの隆盛によって「クール」なものへと徐々にシフトさせるためにも、まずは差別を撲滅しなければ何も始まらない。アジア系に対する差別が社会に存在しており、許されるべきではないのだという意識がアジア系アメリカ人当事者の間で共有されはじめたからこそ、BTSのように世界中で愛されているアーティストでさえ、未だ根強い差別を受けていることが大きく話題になるのだ。ほか、この少し前には俳優のダニエル・デイ・キム氏とダニエル・ウー氏が報奨金260万円で情報提供を呼びかけ、アジア系へのヘイトクライムに抗議するなど、アジア系のセレブたちが一斉に声を上げ始めたことも、大きな変化を後押ししている。

韓国系、日系、中国系など、アジア系アメリカ人のコミュニティ同士によるサポートに、個人のルーツである「国」は関係ない。最近相次いでいるアジア系に対する殺傷事件は「アジア系の外見」を持つ人々をターゲットにしており、もはや言語、出身国、階級などは一切関係なく、真の意味で見た目だけによるヘイトクライムが起きているのだ。さらに、社会の中でのアジア系の「存在感の薄さ」の影響で、ヘイトクライムなどの被害や実態がメディアに取り扱われなかったり、根本にある人種差別問題が話題になっていないことも大きな問題とされている。

この一連の事件は、長年あまり議論されてこなかった、アジア系アメリカ人が永遠に「外国人」として扱われるという問題、そしてアジア系同士での連帯が弱いという問題を浮き彫りにした。例えば道端で通り魔に刺された人が中国系だからといって、決して日系や韓国系など、その他のアジア系に関係ないわけではない。特に若い世代は、アジアの中での細かい区分けなどに執着するのではなく、「アジア系」として団結し、コミュニティを守り、差別に対してＮＯを突きつけ、起きている差別の現状を伝え続けることの緊急性を発信している。

日本で生まれ育った読者には、あまり実感できないことかもしれないが、日本人も一旦世界に出てしまえば、誰もがアジア人であり、社会的マイノリティなのだ。恐ろしいことのように感じられるかもしれないが、見方を変えれば、世界は敵ばかりではなく、仲間でいっぱいであると言うこともできる。だからこそ、少しでも興味を抱いたなら、ぜひ日系アメリカ人をはじめとしたアジア系アメリカ人の歴史について知ってほしい。海を隔てた遥か遠くの地に住み、今では別の言語を用いているかもしれないが、きっとどこかでルーツは共通しているはずだから。そして日本人の活躍は、世界をも巻き込む「アジア人の活躍」の一部でもあるのだから。

第6章

私にとっての仕事の意味
──さよなら「アメリカンドリーム」

Z世代に支持されている史上最年少の女性下院議員アレクサンドリア・オカシオ＝コルテス。
Photo:Getty Images

いまアメリカでは、Z世代の間で「働き方」の革命が起きている。

Z世代の働き方については、まだ情報が少ない。なぜなら、Z世代に当てはまる最も年長の人が、ようやく就職したばかりの年齢だからだ。それでもすでにコンサルやマーケティング企業は「Z世代の新しい働き方はこうだ！」と、雑な提案やアドバイスを繰り広げている。そもそも、働き方や将来設計が個人や地域によって多種多様であるアメリカにおいて、ある世代に共通した一律の「働き方」など存在するはずがない。さらに、ティーンから20代にかけての年齢でコロナパンデミックを体験したZ世代は、旧来の「理不尽な働き方」に意味を見出せなくなっていることから、今後の「仕事」の形が大きく変わろうとしている。

資本主義による消費の加速で環境破壊が進み、数十年後にはもう地球上には住めなくなるかもしれない。明日のことも、将来のことも不安なZ世代は、本物の豊かさとは何か、生きる上で大切なこととは何かという問いと向き合い、自分たちにとって本当に大切で優先すべきものは何なのかを再定義しているのだ。

Z世代のラディカルさは、「反資本主義」を中心に語られることが多い。冷戦時代を経験していないZ世代には、そこまで共産主義への拒否感がない。資本主義一色に塗られた現代社会に疲れ、違和感を感じている彼らにとっては、反資本主義こそが新鮮で合理的な選択に感じられる。また、人種差別やジェンダー差別、LGBTQ差別等に対して抗議するなど、人権意識の高いZ世代は、労働者の人権意識にも敏感だ。不合理で非人道的な労働者搾取を行う企業や個人を強く批判し、労働者が声をあげることを支持する人も多い。

そもそもZ世代は、生まれ育った環境や社会状況に対して、上の世代に比べて違和感を覚えやすいようだ。「なぜZ世代はラディカルな価値観になりやすいのか？」と問われたら、「ラディカルにならざるを得ないからだ」と説明するのが一番早い。アマゾンで働く大勢の労働者を搾取した富によってビリオネアになったジェフ・ベゾスは、娯楽のために莫大な費用をかけて宇宙旅行を楽しんでいる。経済学者のロバート・ライシュが主張しているように、ビリオネアが存在している一方で、ホームレスや貧困問題もまた存在している社会は、そもそもシステムとして機能していない。このシステムを根本的に変えなければ、問題は悪化し続けるばかりであることをZ世代はよく理解している。ブーマー世代が若い頃からそれなりに豊かな生活を送り、老後の心配をする必要もない一方で、その下の世代、特にミレニアル世代以降は、不安定な雇用や、物価上昇にもかかわらず低いままの賃金、そして膨れ上がる学生ローンや容赦ない家賃インフレに苦しめられ続けている。このような状況下でやむを得ず、ミレニアル世代の多くが家を買わず、子どもを持たない道を選択していることは、長年にわたって「今時の若者は無責任で地に足がついていない」とメディアや上の世代から揶揄され続けてきた。Z世代が少しずつ社会人になり始めているにもかかわらず、いまだに「若者といえばミレニアル世代」というイメージが根強く残っている。ミレニアル世代が貼られてしまった「不安定な生活を送る若者」というレッテルを引き継がないために、Z世代はこのような不条理や不平等を断固として否定し、社会を変えなければならないという使命感を抱いているのだ。

Z世代の間で「Z世代のZは、人類最後の世代を表すZ」というジョークが交わされるほど、Z世代の多くが家庭を築いて子どもを持つ将来像を描きづらいと感じている。若者が置かれているつらい状況を変えなければと、連帯してアクションを起こしている大人も一部にはいるものの、若い世代のことなど考えず、資本主義的な成長ばかり優先してきた上の世代の大人たちの罪は重い。声をあげて現在のシステムを変えようというZ世代のムーブメントは、長い目で見た時の「未来」を変えるためであるのはもちろん、「すぐそこの未来」の悲劇をできるだけ回避するためという、切迫感のある行いであるように感じる。自分を守るため、そして大切なコミュニティや環境を守るためにも、これまで当たり前とされてきたライフスタイルを個人レベルで変化させるだけでなく、並行して政治や経済のシステムをグローバルな規模で変えなくてはならない、という結論に行き着いている。例えば、今アメリカのZ世代の一部でマルクス・エンゲルスの『共産党宣言』などの古典を読むことが流行っていることはTikTokの動画やZ世代ジョークからわかるだろう。現代において「ラディカル」だとされている思想も、実は長年、議論され続けてきたことであるとZ世代は気づいている。だから古典を読んで再検討し、その背景にある歴史や社会問題についての知識を得ようとしているのだ。もちろん、世代を超えて連帯し、何かしらの革命を起こさなければ、我々に未来はないという漠然とした責任感と変革意識も強く持っている。

反資本主義的な政治観は、ポップカルチャーやZ世代のスラングにも反映されている。"Eat the rich（金持ち達を食っちまえ）" "Fuck capitalism（資本主義はクソ喰らえ)〟〝OK boomer(ブーマー、わかったから)〟など、特に大統領選挙時のバーニー・サンダースを支持する若者が大人や資本主義に抵抗するフレーズとして、またミレニアル〜Z世代の価値観を代表するフレーズとして認識されるようになった。ティーンは〝OK boomer〟というフレーズを用いて、ドナルド・トランプや彼を支持するブーマー世代、または資本主義を擁護する人たちを揶揄するのだ。同世代の間で「内輪ノリ」のように敵である大人を吊し上げることは、一見ユーモラスな皮肉にも見えるが、実際は若者たちの怒りがこもった悲痛な叫び、そして長年、良いものとされてきた「素晴らしく豊かなアメリカ」という価値観への批判だ。その怒りをミレニアル世代的な「諦め」に落とし込むのではなく、民主社会主義者のバーニー・サンダースや、史上最年少の女性下院議員であり環境問題については強硬論者であるアレクサンドリア・オカシオ゠コルテスの支持・応援に結びつけるZ世代は多い。

過剰な格差社会が、資本主義によって引き起こされた現実を知ったZ世代は、従来の「働く意味」や「仕事への価値観」に大きな違和感を感じている。「自分のための時間を削ることに違和感を覚えることなく、ひたすら仕事に従事するべきだ」という、これまでノーマルとされていたライフスタイルを受け入れないZ世代が増えているのだ。TikTokを開けば、「今日は仕事を始めて1日目。いくら働いても老後の貯金なんてできないし、私は年老いて死ぬまでずっとやりたくないことを続けなきゃいけないの？」と車の中で涙ぐむ人や、「そもそも〝怠け者〟という概念は、ブルジョワジーによって作られた、労働者に労働を続けさせるための架空の概念なのでは？」と問題提起する人などが、「働くこと」への疑問や焦燥感をSNSで共有しあっている。ジェフ・ベゾスなどの超富裕層の道楽のために、アマゾン社員などの労働者が苦しい思いをして働いていることへの疑問なども、SNSに投稿されると一瞬で広がり、もはや大金持ちに憧れたり、彼らを擁護することが「ダサい」とさえ思われるようになっている。アマゾンで商品をなるべく買わないようにしようという不買運動も存在し、例えばインフルエンサーがアマゾンのPRとして、アマゾンでこの商品を買おうと宣伝していると、コメント欄にはほぼ必ず「アマゾンをプロモートしないで、もっと労働問題について学んで」という書き込みが見受けられる。

さらに、「成功者」として持ち上げられていたセレブや起業家などが汚職への関与やセクハラなどによって失脚したり、メンタルヘルスを損なって入院を余儀なくされたりすると、すぐにSNSで広くシェアされるようになったことで、シリコンバレー／ハリウッド的な巨万の富に憧れる人と、そうではない人に二極化していると実感する。例えば、テスラ社の共同創業者でCEOのイーロン・マスクを神のように崇め、彼の業績や権力に憧れる若者は少なくないが、一方で、TikTokやTwitterでは、彼が富裕層の家庭の出身であったことや、他人が開発した技術を買い取っているだけであること、労働者を搾取して富を得ていること、また、その成功はアパルトヘイトを背景としていることなどについて批判されている。南アフリカの人種差別的なアパルトヘイト制度の中、白人の子どもは厳しい現実から遠ざけるために隔離されていた。マスクは、幼少期をそのような環境下で過ごしたのだ。

歌手のグライムスは、その実験的で先鋭的な音楽性によって「音楽業界の未来を変える人」として、いわゆるインディペンデントやクィア界隈のスターとなり、Z世代の間でも強く支持されていた。しかし、イーロン・マスクと交際し始め、彼の言動を擁護したり、彼との子どもを出産したりすると、そもそも「ビリオネアと付き合っている」ことに対する嫌悪感や不信感から、ラディカルな思想を持っていた多くのファンがグライムスから離れていった。若者の間に広がる反ビリオネア、反資本主義、反成長といった価値観は、自分と大切なひとを守るためのメンタルヘルスや環境問題への憂慮にも直結している。

環境危機がデフォルトな世代

人為的な気候変動が原因で、世界中の自然が破壊されている。氷床が崩壊し、動物が絶滅し、異常気象が毎年発生し、大気汚染が悪化。今後10年以内に何らかの対策を講じなければ、早ければ2050年に地球上で人類が生活を続けることが困難になる可能性があるとする研究もある。[*1] 2050年には、Z世代はまだ40〜50代。若い頃から環境破壊による気温の上昇、山火事の多発、果てはパンデミックまで起こってしまい、Z世代は非常に強いトラウマを経験し続けている。地球全体の環境を大切にすることはZ世代的価値観であると本書で何度か書いているが、そもそも気候変動や迫り来る資源の枯渇は、Z世代にとっては生まれた時から常にそばにある、切実な問題なのだ。SNSを通じてリアルな映像が見られるため、明日にでも地球が滅びるのではないかという緊張感や不安を常に感じていることが、Z世代のメンタルヘルス悪化の大きな原因の一つであるとも言われている。Z世代は、ストレスと不安の多い時代に育っている。ピュー・リサーチ・センターによると、性別、人種、家庭の収入レベルを問わず、10代の若者の約70%が、不安や鬱が同世代において大きな問題であると答えている[*2]。

２０５０年には地球上で生活できなくなるというのに、毎日やりたくもない仕事をしたくない、という気持ちが芽生えてもおかしくないだろう。とはいえ、仕事をしないと生活できないし、賃金は上がらないのに物価や家賃は高騰。持続可能ではないこの人間の生活や営みに、根本的な疑問と葛藤を抱えることは必然なのだ。

また、末期的な後期資本主義によって「選択肢」は数え切れないほど与えられているものの、本当に必要としている機会の平等や将来への安心、そして基本的な人権は充分に得られない。同じような服の選択肢が何千個とあるよりも、労働を搾取したり地球を汚染したりせずに作られたものを買えた方がいいし、資本主義的な成長のために無意味に拡大された労働や搾取も廃止したい。一見、究極の理想論に見えるかもしれないが、全ては「持続可能性」を維持するために必要なマインドセットだ。

“neurodivergent”《ニューロダイバージェント》という言葉をご存知だろうか。アメリカのＺ世代の間では一般的に用いられている専門用語だが、“neurotypical”《ニューロティピカル》と対になる言葉、つまり「多様な脳」を表す。ＡＤＨＤやＡＳＤなど、従来「障害」と呼ばれていた脳の状態が、「多様性」に含まれて表現されるようになってきている。これは正式な医療診断を得た人に限らず、「普通」のことがしにくい特性を自覚している人たちが、自らの「生きやすさ」を追求するために用いることも多い。

例えば、Zoomのミーティング中に集中力が続かなかったり、オフィスで大きな音を立てて食事をする人が隣にいると耐えられなかったり、といった「不快感」を日常的に抱くのは至って「普通」のことであり、それぞれのニーズに対応すべきだという意見が、学校や職場で主流になってきているのだ。さらには、neurodivergentな人は非生産的で怠け者なのではなく、そもそも「怠惰」という概念は資本主義によって作られた虚構のものだという考え方も、Z世代やミレニアル世代を中心に発信されている。我々が強いられている「我慢」は本来は経験しなくても良いものであり、それぞれの身体的・精神的な違いを受け入れた上で、より快適に生活できることを目指しているのだ。

多様性、公平性、インクルージョンは、Z世代が職場を選択する際に欠かせない価値観だ。Z世代の62%は、自分と同じ民族や人種の採用担当者がいる職場に応募する可能性が高いと考えるという統計の通り、[*3]会社や職場環境の社会的倫理性も問われている。Z世代の80%は、ADHDや自閉症などの従業員のための資料やリソースが用意されている職場に応募する可能性が高いと考えている。さらに、Z世代の5人に1

人は、ニューロダイバーシティを自認する従業員向けの資料やリソースがないことを理由に、その職場への応募を見送ったことがあるそうだ。表層的な「SDGs」を掲げるよりも、実際に企業が起こしているアクションを見てZ世代は良し悪しを判断している。これはZ世代が応援したいアーティストやブランドに対して「買い物は投票」と考えていることと共通していて、企業のネームバリューよりも実際働いてみた時にメンタルヘルスに与える影響を重視しているのだ。

有名な会社に就職するとSNSで自慢できるし、履歴書に書いたときにもかっこよく見える。でもその表層的な充実感とは裏腹に、仕事内容を苦痛に感じたり、職場環境が劣悪では、メンタルヘルスを損ないかねない。また、仕事と人格を強固に結びつける偏見が根強いため、人間としてのアイデンティティまでもが仕事に支配されてしまう。失業リスクや経済不安が続く現代において、そのような考え方はアイデンティティ・クライシスを引き起こしてしまうだろう。大きな会社に就職することやお金持ちになることが人生における成功の定義では全くないし、ミレニアル世代やX世代の間で流行った自己啓発書的な自己責任論や個人主義はメンタルヘルスを損なうことに繋がる。富を得ることではなく、自分と仲間、コミュニティ、社会的弱者、そして地球の未来にとってより良い選択をしたい。そのサイクルによって初めて個人にとって持続可能な「幸せ」が見えてくるはずだと、大学を卒業し、社会に出る前から、Z世代は信じている。

収入よりメンタルヘルス

若い人たちが離職や転職を繰り返したり、メンタルヘルスを守るために休まなければならない大きな理由の一つに、子どもの頃から“dream job（夢の職業）”に就くことがあまりに美化されてしまった結果、仕事に強い思い入れや愛情を注がなければいけないというプレッシャーが存在していることが挙げられる。そしてその仕事に対する熱意や献身が、ことごとく利用され、若者が搾取されていくという負のスパイラルに陥ってしまう。そんなことが続いていくうちに、仕事というものに対して若者が絶望的になっていくのは当然の流れだとも感じる。「今時の若者は辛抱が足りない」とか「メンタルが弱い」と言う大人は日本でもアメリカでもたくさんいるが、実際にその「辛抱」や「メンタルの強さ」は必要なのだろうか？　健康や幸福を害してまで、資本主義に迎合するために仕事に全てを捧げる必要性は、いったいどこにあるのだろうか？　こうした本質的な疑問を突き詰めていった結果、人生の大半を一つの職に捧げることの理不尽さに気づいてしまうのだ。上の世代が少なくとも昇給や年金、健康保険や安定した雇用が見込めたのに対して、Z世代にはそれらが何一つとして残っていない。さらに雇用主は従業員に時間や資源を投資しなくなっており、格差は進む一方だ。これは学歴インフレや大学のビジネス化によって、一生学生ローンによる借金を背負わなければならないアメリカならではの状況の影響も大きく、いくら働いても貯金は増えず、クレジットスコアに振り回される一方なので、「資本主義」というシステム自体を強く疑っているのだ。

また、ミレニアル世代を中心に「新しい働き方」が広まり、仕事のあり方が多様化したこともZ世代の価値観に影響を与えている。"Be your own boss（自分の上司は自分）"という表現があるように、大企業などに所属するのではなく、自ら起業家になることが珍しいことではなくなった。これは自分の生活を自分でコントロールできることや「夢の仕事」を実現するための手段として非常にポジティブに盛り上がったムーブメントで、Z世代の一部もその精神性を引き継いでいる。ミレニアル世代の半数（50％）が副業をしており、18歳から23歳までのZ世代の半数近く（46％）が副業をしていることが報告されている。[*4] 例えば趣味のアクセサリー作りを副業にしたり、古着をネットオークションで転売して収入を得ているティーンは、特に昨年の新型コロナウィルス対策のロックダウンの際に急増したことが話題になった。さらに、副業をしている人の半数以上（53％）が、生活のために副業の収入を必要としていることも報告されている。お小遣い稼ぎや起業家活動を楽しむために副業をしている人もいるが、実際にはミレニアル世代の多くが一つの仕事だけでは収入が足りず、Z世代も金銭的な理由で学業に専念することができないという状況を反映しているのだ。

コロナパンデミックを受けて、絶望的な不況に直面している今、もはや前の世代のように裕福で余裕のある暮らしは到底できないと覚悟しているZ世代は多い。この憂鬱な経済状況は、ミレニアル世代が２００８年の金融危機後に大学を卒業したときの世界と似ている。ロックダウン中にＳＮＳで繋がりを見出したり学びを得ることに徹したZ世代の中で、「起業家精神」を活用して収入を増やすことに挑戦した人も多い。

一方で、Z世代の中で「仕事が人生の全てではない」という価値観も強まっている。様々な理由によって、「短い人生の時間をどう楽しめばいいのか、そして社会により良い変化を及ぼすにはどう行動すればいいのか」を考えざるを得ない状況に置かれている。より良い社会を目指すためにも、人種差別や性差別、そして加速する資本主義や様々な搾取を行ってきたシリコンバレーやウォール街に「万歳」と唱えた大人たちの安直な拝金主義には、手放しで賛同したくないという雰囲気になっているのだ。

仕事とは、パーソナルなものだ。人生の多くの時間を費やしている以上は、アイデンティティ形成の一部分になってしまうし、職と「自分」を切り離すことはできない。しかし同時に、仕事は「自分の全て」ではない。予測不可能な世の中において、仕事というものに絶対的な価値を定義づけることは不可能だ。「努力すればきっといつかは報われる」と希望を抱き続けてきたアメリカ人も、「アメリカ」という国に対する期待が薄まるにつれて、「アメリカンドリーム」とは幻想であることに気づき始めている。

パンデミックを通して「生き方」を再考したことにより、多くの人が離職や転職をしている。アメリカで２０２１年の４月に辞職した人のうち74万人以上が、ホテル、バーやレストラン、テーマパークなどの「レジャー・ホスピタリティ産業」に従事していた。[*5] レストランのウェイターなどのサービス業に従事していた人たちの中には、パンデミックのさなかにもかかわらず客から酷い態度を取られたことや、低い賃金に見合わない安全面でのリスクに愛想をつかして辞めた人も多い。

「普通の日常」が失われ、誰がいつ疫病にかかってもおかしくない状況の中で、「好きでもない仕事」をする意味を疑い出したのは仕事に飽きた大人たちだけではない。名誉や見栄、周囲の期待よりも、「自分にとって大切なものは何か」を考え、「キャリア形成」に対して意欲的でない若者も増えている。Z世代やミレニアル世代の間で“I don't dream of labor（私は仕事をすることが夢ではない）”“Work won't love you back（仕事はあなたを愛してくれない）”というフレーズが広まったことによって、いわゆる“dream job（理想の仕事）”という概念自体が空虚であるという認識も一般化した。「好きなことを仕事にしなくてもいい」と考える人は増えており、仕事を理想化したり美化することをやめ、「労働力を売る」ことに対して現実的に向き合っているのだ。

大学進学や就職における競争が激化した結果、「特別でなければいけない」というプレッシャーに疲れた若者たちは今や「特別でなくてもいい」と主張し始めている。大人から見たら「地に足がついていない」ように見える若者も、実際は自分の健康や幸せを維持するためにどんな選択をすべきなのか、大人たちの誰よりも現実的に、「自分に対する優しさ」を持って考えている。

＊1 https://www.cnbc.com/2021/05/14/what-2050-could-look-like-if-we-dont-do-anything-about-climate-change.html

＊2 https://www.pewresearch.org/religion/2018/11/20/where-americans-find-meaning-in-life/

＊3 "What Companies Need To Know About Gen Z's Diversity, Equity, and Inclusion Expectations" Tallo, July 12, 2021
https://tallo.com/blog/gen-z-workplace-diversity-equity-inclusion/

＊4 Erika Giovanetti, "Half of Millennials Have a Side Hustle Amid Coronavirus Pandemic" LendingTree, October 22, 2020
https://www.lendingtree.com/personal/side-hustle-survey/#millennialsarethemostlikelyagegrouptohaveasidehustle

＊5 Andrea Hsu, "As The Pandemic Recedes, Millions Of Workers Are Saying 'I Quit'" NPR, June 24, 2021
https://www.npr.org/2021/06/24/1007914455/as-the-pandemic-recedes-millions-of-workers-are-saying-i-quit

第7章

私にとってのスピリチュアリティ
——新しい「信仰」のかたち

スピリチュアリティ文化がSNSを通してZ世代に広く愛されている。
Photo:AdobeStock

いまアメリカでは、Z世代の間で「スピリチュアリティ」の革命が起きている。星占いで性格診断をしたり、さまざまな色の水晶を集めて飾ったり、神秘的な「エネルギー」の力を信じて瞑想をしたりすることが、Instagram や TikTok をはじめとしたSNSでメインストリームな文化としてZ世代に広く愛されている。

オルタナティブな健康法やヨガに目覚めたミレニアル世代は、服装から食べ物、フォローするセレブ、所属するジムまですべての「ライフスタイル」についてブランド志向が強いが、Z世代はそれよりもカジュアルに、そして自由に、セルフケアやコーピング（ストレス対処法）の一種としてスピリチュアリティを生活に導入している。

論理的で科学を重視し、因習的な宗教を毛嫌いする印象の強いZ世代がなぜ「スピリチュアリティ」に夢中になっているのだろうか？　その理由を考えるためには、まずZ世代が未来に明るさの見えない不安定な社会情勢に直面していること、そして精神的な拠り所を失っていることを理解する必要がある。

宗教社会学者のクリステル・J・マニングは、２０１９年に「Z世代は最も宗教色の薄い世代である」と述べている。２０１５年のピュー・リサーチ・センターの調査によると、Z世代の約3分の1が無宗教であり、ミレニアル世代とほぼ同じ割合だった。しかし、Z世代の宗教離れは、ミレニアル世代よりさらに顕著だ。Barna Group の調査によると、ミレニアル世代の15%より多い、Z世代の21%が、無神論者や不可知論者を自認しており、「儀式」としての礼拝に出席することや、「組織」としての教会に属することに重要性を感じない人が多いという。[*1] もちろん、この結果を見てキリスト教団体が焦っていることは言うまでもない。

宗教的な慣習は捨てつつも、どこか別のものに精神的な拠り所を求めた結果、ポップカルチャーとも親和性の高い、ライトな感覚で摂取できる「スピリチュアリティ」が若者の間で普及したとも考えられる。

インターネットを通じて、いつでも世界のどことでも繋がれる時代になり、宗教に関する様々な情報を得る機会が増えたため、生まれながらに決まってしまった地域から移動する自由がなく、ローカルな場所で権威を持っている人に従属したり、コミュニティに属するために教会に通ったりする必要性が大きく減った。Z世代全員が極端な無神論者になったわけではなく、クリスマスはお祝いするし、他人が信仰している宗教は尊重しつつも、前の世代ほどは熱心に礼拝に行かない、というような変化が起きているのだ。

また、アイドルやセレブ、インフルエンサーなどの有名人やポップカルチャーを宗教のように熱心に「信仰」している若者は、SNSを開けば無数にいる。つまり、伝統的な宗教のあり方や組織のあり方に違和感を抱いた世代が「属さない」選択をした結果、「自分なりのスピリチュアリティ」を構築するようになったのだ。

Z世代が最も多様性に寛容で、政治的にも先進的であるという印象を持つ人は多いだろう。コロナ禍において反ワクチンを熱心に唱えたり、トランプ前大統領を熱烈に支持して陰謀論を信じ込んだり、人種差別や暴力的な襲撃を実行したり、他宗教の人を差別したり、Planned Parenthood《プランド ペアレントフッド》（性と生殖に関する健康と権利についての情報を提供する非営利団体）で中絶を希望する女性に暴言を投げつけるなど、ここ数年、アメリカで宗教に付随してきた伝統的な「慣習」が、大人たちの不寛容で差別的な言動に繋がってしまっている事例が多く見られた。保守的な価値観がいまだ根強く残っているキリスト教をはじめとした旧来の宗教、または排他的なカルトから、若者が距離を置くのは自然なことだろう。インターネットのなかった時代とは異なり、今のZ

世代は、無神論者であること、同性愛者であること、伝統を重んじないことなどが決して「異常」なことではないのだと、知ることができるのだ。

自分で知識を得て、自分で選択することに慣れているからこそ、Z世代は個性を表現すること、そして「本当の自分」を探求することを重要視する。親と同じ宗教を信仰しなくてもいいし、30歳までに結婚して子供を産まなくてもいいし、異性を好きにならなくてもいいし、生まれながらに決められた性別のまま人生を生きなくてもいい。他者からカテゴライズされることを嫌い、変化していく流動性こそがZ世代的であり、「自分の人生は自分で決める」ことが出来るという実感が、若者たちに計り知れない大きなパワーと自立心を与えている。

テクノロジーが発達した世の中で育ったZ世代が、「スピリチュアリティ」という極めて精神的で非科学的にも見える文化になぜ関心を持つのか、不思議に思う人も多いかもしれない。しかし、Z世代が子どもの頃から不安定な世界を生き、将来に不安を抱えていることを考えれば、心の拠り所として科学や目に見える世界以外のものを信じたくなる傾向にも、納得がいくのではないだろうか。繋がりすぎている時代において、星座占いで運勢を占ったり、TikTok のタロットリーダーをフォローしたり、水晶の力に頼ったりすることは、既に決まっていて自分の力では変えられないものを知ることであり、安心感を得られるのだ。

そもそも、「スピリチュアル」なものとは何を指しているのか？　タロットリーディングや水晶、瞑想や星座占いなどが典型的な例だ。より日常的な例では、生活の中で起こる奇妙なほど偶然の出来事や、音楽や芸術から得られる感動的な体験なども、「スピリチュアル」な経験と形容できる。ハードドラッグやお酒に代わって、アメリカのオレゴン州やいくつかの市では合法のより穏やかなドラッグであるマジックマッシュルームやマリファナを摂取する若者が増えたこと、そしてコロナ禍で「信じられるもの」が多く失われたことも、Z世代の「人生」や「生活」の捉え方の変化に影響を与えているだろう。

古くからの宗教の慣習を捨て、科学や理屈では説明できない、不思議で魔法的でどこかワクワクするような「信じられる」ものを、Z世代は求めているのだ。

「引き寄せ」力に託された希望

アメリカのミレニアル世代やZ世代の間で、「マニフェスト」という言葉が頻繁に使われるようになっていることをご存じだろうか。日本では専ら政治公約のイメージが強いと思うが、日本語に訳すなら「引き寄せ」や「実現化」という言葉が近い。きっかけとなったのは、2006年に出版されたロンダ・バーン氏の自己啓発書『The Secret』が「引き寄せの法則」を取り上げたことだと言われている。思考を変えることで、人生を変えることができるという、スピリチュアルな主張だ。2020年に「TikTok」をはじめとしたSNSで急速に広まり、「マニフェストの方法」を教える動画が数え切れないほど存在している。コロナ禍によってトラウマとなった2020年を乗り越え、より良い人生や生活を実現させるために「夢を唱える」ことで、自分の心の中にある夢を現実に物理的に引き寄せたいと考える若者が増えている。

例えば、アメリカでは多くの若者が、不動産バブルや不景気、世代間格差によって、自分の人生において家を買うことはできないだろうと諦めている。ブーマー世代とZ世代の最も大きな違いの一つが、この将来の住居や生活全般に対する不安の有無だとも言われている。不動産の価格が高騰し、かつては格安だった地域の賃貸物件でも手が届かないというZ世代が、私の周囲にも多い。テック業界以外ではなかなか給料も上がらず、医療保険や学生ローンの返済に追われているうちに、「家を買う」という目標など、夢のまたはるか夢になってしまうのだ。不動産ウェブサイトのZillowを見て、いわゆる「ウィンドウショッピング」をすることで、理想の家を妄想し、いつか住めることを「マニフェスティング」するのがZ世代の間で流行っていると、センセーショナルに報じられたこともある。景気の良い時代に育った大人たちから見たら、衝撃的で理解できない光景だろう。

Yung Baby TateとFlo Milliの"I Am"という曲がTikTokで大ヒットしたのも、その歌詞の一部を唱えることがマニフェステーションのトレンドになったことがきっかけだった。目を閉じて理想の生活を想像しながら、この曲の歌詞を唱える。自分はイケていて、尊敬に値する人間で、生きたい人生を絶対に獲得するといった、モチベーションをあげるようなリリックが並ぶ曲だ。

例えば頭の中で肯定文を繰り返し唱えたり、目標をノートに書いたり、TikTokでクリエイターたちが紹介するマニフェステーションの方法は様々だ。自分が繋がりたい人の名前を3回、その人に望むことを6回、その人にとってほしい行動を9回書く「3・6・9法」と呼ばれる方法もある（やり方には様々なバリエーションが存在する）。混乱の時代に生きる若者たちがセルフケアやセルフラブの延長線上で「自己肯定感」を上げる方法や「マインドフルネス」に興味を持ち、そこにスピリチュアルなトレンドを取り入れることで、現実世界でのケアやモチベーションと、ある種のファンタジー的な世界観を融合させているのだ。

なぜ「マニフェスティング」がここまでZ世代の間で一般的な用語として用いられるようになったのだろうか？　アメリカのティーンの約5割がダウンロードしていると言われているTikTokでは、辛くてつまらない生活を変えるために日々のルーティンを刷新したり、理想の生活を獲得するために小さな積み重ねを記録していく動画などがインスピレーションを与えてくれるものとして再生されやすい。全米4－H協議会の調査によると、ティーンの約7割が、何らかの形でメンタルヘルス面で悩んでいるという。[*2] そんな状況において、「マニフェスティング」は混乱の絶えない社会の中で若者たちが「信じられる何か」の役割を果たしており、自己啓発的なツールにもなっている。特にコロナ禍において、日々の生活に対して、そして未来に対して希望を失った若者は多い。不安を煽るようなコンテンツが溢れるSNSを通してでしか世界と繋がれない中で、目に見える、言葉で説明できる以外の「その先」の世界があることをかすかに信じられるだけでも、生きる上でのポジティブな希望になるのだ。

日本のメディアでも最近メンタルヘルスやマインドフルネス、セルフケアなどの単語を徐々に見かけるようになったものの、本格的なトレンドにはなっていないし、本質的な議論や知識の共有はされていないように見える。日本においても、コロナによるストレスや不安定な政治・経済、そして若者の絶望なども相まってこれらの必要性が高まっていることは確かだ。アメリカでは2017年あたりから瞑想やマインドフルネスなどが急速に知られるようになり、現在では大学や企業でも学生や社員の健康を保つ目的で取り入れられている。美容業界やウェルネス業界ではビジネスチャンスとして打ち出されたセルフケアがブームとなった。それらがポップカルチャーに流入し、一般的に知られたことによって、Z世代の間で最も優先されるべきトピックの一つとして認識されるようになった。

生産性や効率ばかりを求められた現代人は常に生き急いでいる。加速する資本主義社会はその焦燥感を後押しし、「小さな幸せ」や日常の中の「不思議で神秘的な出来事」を無視するように刷り込む。そのような非人間的な状況を打破するためのメンタルヘルスとセルフケア、そしてマインドフルネスが、「常に繋がっている」若者世代にこそ必要なのだ。不公平な社会の中で、自分たちだけ利益を得て富を築いた大人たちのことなど、決して信頼できない。閉塞感のある状況の中で、大人たちから見たらデタラメの遊びにみえるような「マニフェスト」に、Z世代やミレニアル世代が真摯に祈りを込めているのだ。

占星術もアイデンティティ表現のひとつ

人生に迷いを感じた多くのミレニアル世代がスピリチュアリティに興味を持ったが、その下のZ世代はそれに加えて自己解決やセルフケア、そして頼れる大人がいないからこそ世の中の「真理」に頼りたいという気持ちが強い。興味深いことに、Z世代に支持される「オルタナティブ」なポップカルチャーの中心的存在である占星術やヒーリングストーン（いわゆるパワーストーン）やタロットなどは、全てニューエイジスピリチュアリティから派生したものだ。１９７０年代から'80年代にかけてのニューエイジスピリチュアリティは、宗教団体に属することで形式的に、儀式的に信仰されるものだったが、現代のZ世代にとっては「おまじない」程度のカジュアルなもので、インターネットに存在している様々な情報源から知識を取り込んだり、フォローしているインフルエンサーやセレブなどが発信している「生活を良くするための行動習慣」の一環として取り入れている人も多い。

ミレニアル世代の間でヨガや瞑想をはじめとしたスピリチュアルな行いが流行したのは、SNS初期にセレブが率先して発信した「自己改善」ブームの影響が大きい。

ウェルネスブランドgoopの創始者であり女優のグウィネス・パルトローが代表的な例だ。宗教的な要素を感じさせずとも、何かを「習慣的に行えば」健康や人間関係、そして最終的には仕事の結果や人生の質が上がるという、ある意味資本主義的な目的を謳い、ミレニアル世代に対してこのような「スピリチュアル」性を含む商品や講座などを売り込んだ。「ミレニアル世代らしさ」の象徴でもあるメディアBuzzFeedでは、星座に基づいておすすめの曲やファッションを紹介する記事や、ドラマの登場人物がどの星座のタイプに近いかを分析する記事などが人気だ。

アメリカのZ世代やミレニアル世代の主に女性たち、そしてクィアコミュニティを虜にしている星占いとは、どのようなものなのか。日本で一般的に知られているのは出生日をもとにした12星座占いだが、それに加えて出生地、出生時刻をもとにその人の性格や運勢を占う出生チャートなどは、実はとても複雑で奥深い要素を多く含んでいる。若者たちは誰かに「占ってもらう」というよりも、「個人主義」や「個性」が大切な時代において、自分の星座を自分のアイデンティティとして、ある種のファッションやスタイルの一つでもあると考えている。「蟹座らしい」ソフトなファッションや「蠍座らしい」エッジィなスタイルなど、有名なセレブのファッションと彼らの星座を照らし合わせたコンテンツは常に人気がある。今世間を騒がせているカップル、女優のメーガン・フォックスとアーティストのマシン《M》・ガン《G》・ケリー《K》の最近のインタビューで、メーガンがMGKの占星表を暗記していてすらすらと読み上げたことなどは、いかにもスピリチュアルブームの洗礼を浴び続けてきたミレニアル世代らしい例だ。

Z世代全員が星占いに熱心であるわけでは決してない。実際、どこかの大学のキャンパスで星占いを信じるかどうか学生たちに聞いてまわったら、鼻で笑う人が大半を占めるだろう。しかし、Z世代の中でも、特にTikTokやInstagramで紹介されているポップカルチャーに敏感な人たちの中には、プロフィールに星座を記したり、出会う人みんなに星座を聞いてまわっているような人が多い。「Mercury retrograde（水星逆行）」というフレーズが日常的に用いられるようになり、メディアも毎回大きく報じている。この水星逆行中はコミュニケーションがうまくいかず、人間関係が拗れやすいといわれていることも、一般的な知識になった。

Z世代に限らず、上の世代でも、自分の運勢や、気になる相手との相性を知りたいときに、星占いに頼る人は多いはずだ。ただ、占星術の信憑性については懐疑的だったり、嘲笑的だったりする人も多いのに対して、Z世代の間では、そういったネガティブなステレオタイプはあまりないようにも感じられる。

Z世代は精神的に病んでいて、独特のスラングを用いて、クィアで、星座占いに熱心だという、皮肉を込めたステレオタイプがTikTokを中心に定着しつつある。Z世代がなぜここまで占星術に関心を持っているのかといえば、常に不安定で、確実性が少ない現代において、星座のように「既に決まっていて変えられない」ものには安心感があるからだ。生活や人間関係で残念ながらうまくいかないことがあったとしても、星回りのせいだと考えれば、「全て自己責任である」という重苦しさから逃れることができる。大人たちにアドバイスを求めようとしても、彼らもパンデミックによる不況下では不安定な生活を送っていることが浮き彫りになった。そんな時に頼れるのは、タロット占いや出生チャート占いをしているTikTokerたちだったりするのだ。また、ステイホーム期間を通して、従来であれば友達と積極的に外出しているはずだったティーンたちでさえも、自分自身と向き合わざるを得ない機会が増えた。自分自身をより深く知るツールとして占星術を用いることは、一人の時間が突然増えた若者たちにとって、必然的な結果なのかもしれない。

資本主義的な価値観に支配された現代社会において、スピリチュアルなルーティンを生活に取り入れたり、少しでも明るい未来を信じられるきっかけになるおまじないとして占星術を活用することは、メンタルヘルス面にとってもポジティブな要素が多いように感じられる。同時に注意しなければならないのは、このウェルネスのトレンド自体が資本主義に取り込まれ、その本質が消費主義的かつ白人中心的な価値観に置き換わってしまうことだ。例えば、先述したグウィネス・パルトローは、先住民たちが昔から実践してきたサイケデリックヒーリングを「白人向け」にリブランディングし、高い値段をつけて健康志向の女性たちに売り込み、大きな資本を築いたことが批判されている。大産業の一つになるほどブームの恩恵を受けているウェルネス業界だが、このように社会的に抑圧されている人々の知恵を搾取してマーケティング的に都合の良いように「上書き」してしまったり、その伝統に敬意を示さずに商品として大衆に売りつけるような傾向も存在する。そのようなことを踏まえた上で、どのような人から情報を得るのか、どのような企業・ブランドから商品を購入するのか、詳しく調べてから意識的に選択するZ世代も増えている。

世の中の全てのことの答えが既に導かれているようにも感じる現代において、言葉や理屈では説明できない不思議な体験をすることこそ「生きる意味」だと言っても過言ではないほど、ワクワクした感覚を与えてくれる。全てのことがハイパーリアルな若者たちにとって、世の中で誇張されている悪いニュースや社会問題と同じ分だけ、素敵なことも信じたい。信じる力次第で人生に対する「見え方」が変わってくるスピリチュアリティこそが、その時に味方になってくれるのだ。

＊1 Christel J. Manning, "Gen Z Is the Least Religious Generation. Here's Why That Could Be a Good Thing." Pacific Standard, May 6, 2019
https://psmag.com/ideas/gen-z-is-the-least-religious-generation-heres-why-that-could-be-a-good-thing

＊2 "New Survey Finds 7 in 10 Teens Are Struggling with Mental Health" AP NEWS, June 17, 2020
https://apnews.com/press-release/pr-newswire/a6a5acedcdad517887410c6a9ea0c558

第8章

私にとってのライブ体験
――「今」を楽しめることの奇跡

2021年、トラヴィス・スコットが主催したフェスで大事故が発生した。
Photo:Getty Images

いまアメリカでは、Z世代の間で音楽ライブの革命が起きている。レコードからCDへ、iTunesからストリーミングへと音楽を聴く媒体が変化し、今ではSpotifyなどのアプリで思う存分聴きたい音楽がいつでも聴ける時代になっている。そのためZ世代は「フィジカル」な体験から離れ、スマホの中とSNSの世界しか知らない「デジタル世代」と言われているが、実は上の世代よりもライブ等にお金を使い、体験価値を重視している世代でもあるのだ。

コロナ禍を経てライブが復活したアメリカでは、今まで以上に音楽ライブの現場が盛り上がっている。そこには、オンラインライブでは感じることができない観客たちの刹那的な熱狂と音楽を届けるために生きるアーティストの誠意、そして互いに「生きている実感」を共有できる貴重な場がある。

ワクチン接種が順調に進んでいるカリフォルニア等の州では、2021年の夏にフエスやライブなどの数が爆発的に増えた。２０２１年の段階では、ほとんどのライブハウスで、入場の際にワクチン証明書、またはＰＣＲ検査の陰性証明書の提出が必要となっていて、マスクは必須でなくとも推奨されている状況だ。約1年半ステイホーム期間を強いられていた若者たちに、この新たな解放は、長い冬を乗り越え暖かい春がきたような喜びと自由を与えた。パーティーやフェスが大好きなアメリカの若者たちは、コロナ禍に「早くライブで踊りたい」「大きな音で音楽をまた聴きたい」と口々に言っていたが、実際に、アメリカ人の4人に1人が夏のコンサートやフェスに参加すると言われており、ミレニアル世代とZ世代ではその割合がそれぞれ36％と32％に跳ね上がるという調査結果が出ている。[*1]

すでに就職をして収入を得ている年齢のミレニアル世代と、金銭的な余裕はそれほどなくても時間とエネルギーはあるZ世代という違いはあれど、パンデミック中に経済的な被害を受けながらも、リスナーを精神的に支えたアーティストたちを応援したいという心意気でライブに参加している点では同じだ。筆者はSpotifyアカウントと連携すると、フォローしているアーティストと類似したジャンルのアーティストが近くでライブを開催する際に通知が来る仕組みになっているSongkickというウェブサイトで、好きなアーティストのツアー日程やチケットの販売開始日を把握している。

開くたびに、好きなアーティストのほぼ全員がツアーに出ていること、そして発売直後にチケットやグッズが完売する場合が多いことに驚く。

約1年半、レコーディングやオンラインでの楽曲プロモーションに徹底的に勤しんだアーティストたちが、直接ファンと繋がれるステージで作品を披露する機会を得た。そしてファンたちは、好きなアーティストにやっとリアルな場で対面し、その愛する音楽を共有することができる喜びに満ちている。私は最近週1～2回のペースでライブに通っているが、必ずと言っていいほどMCでアーティストたちはコロナ禍の孤独や苦しみを乗り越えた経験について言及している。また、一念発起してコロナ中にメジャーレーベルからインディペンデントへと転身したことについて語るアーティストも多く、この期間が自分たちのキャリアにおいてどのように重要なのか、音楽を届けるためには何が本質的に必要なのかを考えるきっかけになったことも実感する。アーティストが困難にぶつかったときに誰が味方になり、誰がキャリアを押し進めてくれるのか、このコロナ禍は多くのチームが再考する機会となったのだ。

ライブは「繋がり」の場所

いつの時代においても、若者とライブ音楽は密接な関係を保ってきた。「今時の若者は」と呆れた声を漏らす大人も、若い頃にはヘビーメタルのモッシュピット（盛り上がったファンがフロアでぶつかりあう場所）で暴れたり、ビートルズに沸いたりしたはずだ。「ウッドストック1999」の惨状を描いたドキュメンタリーが2021年にストリーミングサービスで配信されたことがきっかけで、過去の若者たちの荒れた行動が一時期話題になった。当時の若者のフラストレーションや社会への怒りがライブでの暴動の背景にあったとするならば、対照的に、現代の若者たちは「繋がりたい欲求」がライブへの参加のモチベーションであると考えられる。

彼らにとって、ライブとは「繋がり」を得る場所であり、自己アイデンティティを見つけ出し、表現する場所でもある。Z世代とメンタルヘルスの関係が重要だと本書では何度も強調してきたが、好きなアーティストを生で見る、好きな音楽を大音量で聴く、友達と一緒に楽しむことができる、などライブが提供してくれるものは全てメンタルヘルスに対して好影響を及ぼす。

好きな（「推し」の）アーティストを応援するためだけのSNSアカウントを持ち、匿名のまま素性は知らせず、ファン同士で繋がって熱狂し合う文化はTumblrからTwitterへと媒体は変化してもその盛り上がりは右肩上がりだ。K-popアイドルのファンが、「推し」が素敵に写っている「ファンカム」と呼ばれる動画を、あらゆるツイートのコメント欄に貼り付けることで、そのアイドルの知名度をあげようとしたり、ファン同士で連携してチャリティプロジェクトを企画したりしているのをよく見かける。SNSで繋がって、ライブ会場で初めて「リアルに会う」こともライブの楽しみの一つだ。インターネットで「好き」を交換しあい、アーティストと対面する場所で一体となってその存在と音楽を楽しむ、そんな流れになっている。お互いの顔が見えなくても「好き」が共通しているからまるでリアルな友達のような感覚になるし、こういう形での出会いや友情が増えて一般的になるにつれて、昔のように「インターネット上での知り合いと安易に直接会うな」という警告も減ったように思う。「好き」を共有する人たちだけの空間で「好き」な音楽を目一杯浴びる、そんな世界はまさに至福そのものだ。世界中の音楽が常に指先に存在していて生活の一部になっており、さらには不況や不安定な政治、深刻化する環境問題等によって形成されるストレスフルな世界を生きる若者にとって、ライブとはストレスを発散するだけではなく、幸せをシェアする場でもある。好きなアーティストのライブに参加することがメンタルヘルスに対して好影響を与えるという研究は数多く存在するが、ライブに実際に行って幸せそうに踊ったり、泣きながら一緒に歌うZ世代を見かけると、まさにライブとは「生きている実感」を得ることができる場所だと強く感じる。
また、Z世代やミレニアル世代といった「若者世代」の「ライブ体験」に対する考え方には、非常に興味深い傾向がある。コロナによって人との物理的な繋がりや一体感、そして共有できる高揚感が失われた先に、もっと「本質的」な体験をしたいと考えるブームが生まれているのだ。

過去5年間で、イベントに参加する人が劇的に増えている。実際当社の調査によると、ミレニアル世代は服や車といったものにお金をかけるよりも、ライブ体験にお金をかけるようになっている。（略）ミレニアル世代の3分の2は、自分の持ち物よりも、自分が楽しんだ経験から人間性を判断してほしいと考えている。（略）ミレニアル世代とZ世代は、ライブ体験の力を根本的に理解しており、だからこそ日常的に行動を起こしているのだ。そして、この「やりたい」という気持ちは、次の世代にも波及している。*2

（拙訳、以下同）

コロナによって、特に若者たちの間で時間感覚に「歪み」が生まれたことは確かだ。楽しいことがたくさんあるはずだった若い頃の時間を奪われたZ世代は、思いっきり「今」を楽しみたい気持ちが強い。鬱や不安症を抱えながらも、「マインドフル」に生きたら、究極的にはそうなるのかもしれない。また、Z世代のメンタルヘルスとコロナによって増幅された「今を生きたい」感覚とともに、ミレニアル世代の「YOLO」主義も話題になっている。「YOLO」とは“You only live once（人生は一度きり）”の略で、例えばパーティーに行くか迷っている友達の背中を押したい時や、ケーキを食べようか悩んでいる自分に対する言い訳などによく使われるフレーズだ。

エッセンシャルワーカーではなく、自宅でリモートワークができる職種の若者たちの多くが転職や離職をしたり、新たなライフスタイルを求めていることが2021年の前半に話題になった。この現象をThe New York Timesは“YOLO economy”の台頭と表現し、ずっとやりたくても仕事が忙しくて後回しにしていたことを「今やらなければ、いつやるんだ」という気概で思い切って行動に移していると紹介した。[*3]

それなりの学歴と職歴、またはスキルと貯蓄を持ち合わせた大勢の人たちがキャリアのあり方を再考し、「本当にやりたいこと」や「もっと効率の良い仕事」を探し始めた。その延長線上にあるのが、総合的なライフスタイルの見直し、そしてお金と時間の使い方の変化である。いつ何があってもおかしくない時代を経験した彼らは、非常事態のためにお金を貯めようという考えとは対照的な、お金など無駄に貯めても仕方がない、今やりたいことに使いたい、という考えを抱くようになったのだ。そして同時に、仮想通貨などによって瞬間的に大儲けすることがイーロン・マスクやその支持者たちの影響によってメインストリームカルチャーで「クール」になってしまっているため、コツコツお金を貯めることの重要性が社会的文化として軽んじられてきているようにも感じられる。

このミレニアル世代の〝YOLO economy〟とZ世代の刹那的な生き方には、共通する部分が多い。SNSに常に張り付いたデジタル世代でありながら、リアルな体験と繋がりを求めている。そしてレトロ回帰なY2K等の過去のトレンドに夢中になりながら、「今、この瞬間」を大切にしたいと思っている。スマホの中だけでハイパーリアルな世界が得られてしまっているからこそ、セルフケア的な意味合いで「今、この瞬間」に集中するマインドフルな行動をとった結果、刹那的な生き方としてライブやフェスに熱狂的になっている、とも考えられる。

「推し」で細分化されるファッション

いつの時代も、若者たちは好きなアーティストを生で目撃しては熱狂していた。過去の若者たちと今のZ世代では、この点において具体的にどのような違いがあるだろうか？「好きなアーティストを生で見たい」という単純な気持ち以上に、どのような体験によって個性やアイデンティティが形成されるのか、それによって自分が「どのような人」として他者から捉えられるのか、そのような自己ブランディングとも言える考え方をするZ世代は多い。この傾向はファッションなど特定の〝aesthetic《エステティック》（美的価値観）〟によって「人間のあり方」が明確にジャンル分けされ、それぞれがコミュニティ化している現象となって顕著に現われている。例えばジェンダーレスなクィア系ファッションやエッジィなオルタナティブ系ファッション、またはふわふわでドリーミーなcottagecore系スタイルなど、「なりたい自分」や「生きたいライフスタイル」に合わせてZ世代はスタイルを調整しているのだ。TikTokやInstagramなどで、このような「ニッチ」な趣味を共有するクリエイターが支持を集めやすく、クリエイターとそれを参考にしているフォロワーたち、という共同体が存在している。

Z世代に人気のアーティストは、TikTokで人気のアーティストと言っても過言ではない。もはやZ世代にとっては「TikTok＝リアル」であるため、TikTokでバズった曲がラジオで頻繁に流されるし、YouTubeで多額の広告費をかけて広められた曲よりも認知されるスピードが圧倒的に速い。TikTokのコンテンツは大きく分けて、メインストリームカルチャーやいわゆる一般的な内容の投稿が多い「ストレートTikTok」と、クィアなユーザーのセーフスペースであり、奇怪なユーモアやニッチな趣味が共有される「クィアTikTok」の二つに分類される。クィアTikTok界隈で「バズった」ヒット曲は次第にメインストリームにも影響力を持つようになり、ライブやフェスでも観客全員が熱唱できるような「国民的ヒット曲」になっていく道筋が生まれている。オリヴィア・ロドリゴの"good 4 u"やドージャ・キャットの「Need To Know」がまさにこの例だ。しかし「TikTokアーティスト」というレッテルの殻を破り、一躍フェスでの活躍や全国ツアーの成功を見せているタイ・ヴェルデスやレミ・ウルフなどは、新しいモデルケースとなっている。

あるアーティストのライブに、特定のファッションを着たファンが集まるという現象は、決してZ世代特有のことではないが、最近さらにその「スタイル」の分類のされ方が細分化されているように感じられる。だから、フェスでのファッションを見れば、そのZ世代の観客がどのアーティストのファンであるか見分けることができる。例えばハリー・スタイルズのファンはフェザーボアとニーハイブーツの'70年代ファッション、フィービー・ブリジャーズのファンは「クィアな人が多い」ことで有名で、オルタナティブファッションの定番であるドクターマーチンを全員履いているというジョークが存在するなど、あるアーティストのファンのファッションやライフスタイルに統一性が見られることは、どのような音楽を聴くかが自己アイデンティティやブランディングに重要な要素であることを証明している。

SNSアプリの中でも、特にInstagramはどのような投稿をし、アカウント全体でどのような世界観を形成するかによって他者が自分に対して抱くイメージを「自己ブランディング」することを可能にした。Instagramの創生期にティーン〜20代前半を過ごしたミレニアル世代は、特にこのスマホの中の世界の「自己ブランディング」が、リアルの世界での自己イメージの形成にまで大きな影響を与えた世代だ。特定の淡いピンク色が「インスタ映え」するとのことで一大流行して「ミレニアルピンク」という名前がついたり、みんながみんなスターバックスのおしゃれなドリンクを投稿したり、「いかにも典型的」な行動を取る人は"basic（つまらない、量産型）"と呼ばれたりするなど、現在ミレニアル世代が"cheugy"と呼ばれている現象にも繋がっている。

Instagram ストーリーの台頭により、短い動画を投稿する主な媒体が Snapchat から Instagram へと変わった。限られた友達にプライベートなものを見せるだけではなく、多くのフォロワーに向けて「自分の生活の見せたい部分」を切り取って日常的に投稿できるこの機能において、多くの人が見て「かっこいい」と思うのは、参加したライブの映像だ。先ほど説明した「YOLO」と響きが似ているもので「FOMO (fear of missing out ＝取り残されることへの恐怖)」というフレーズがある。贅沢で手が届かないような物をSNS投稿で見た人は、「羨ましい」と感じるだけだが、一度限りの経験や体験に関するSNS投稿を見た人は、「その場にいなかったことへの後悔や恐怖」まで覚えるということだ。他者からそういった羨望を向けられることで満たされる承認欲求や優越感が、ライブ映像を投稿する醍醐味にもなっているのだ。

もちろん、単に自分用の記録としてライブ映像を投稿する人も多いが、どのようなアーティストのイベントに参加しているのか、そして誰と一緒に行ったかなどは、自己ブランディングにとって重要な要素だ。ライブ会場で自由に動画を撮り、友達とその瞬間を共有すれば、自分にとっても大切な思い出になる。また、アーティストをタグ付けすることでリポストしてもらえたりすると、好きなアーティストに「気づいてもらえた」感覚になれるという大きなメリットがある。ライブにとびきりインスタ映えのするオシャレをして行って、仲間と一緒に写真を撮ることも「クール」な行動だ。このように、単に「インスタ映え」のためにライブに参加しているわけでは決してなく、若者たちの間ではリアルとSNSがシームレスに繋がっている。

また、「Z世代はラディカルで人種問題に敏感で、常に倫理的に正しくありたい」というイメージが定着しつつある中で、「Z世代」という年齢によって括られた世代そのものと「Z世代的価値観」の違いを認識することが重要だ。例えば、キャッチーなラップがTikTokで前代未聞の大ヒットを産んだドージャ・キャット（"Ain't Shit"）やアミーネ（"Caroline"）などが人気曲をフェスで演奏するときに、白人の観客が思いっきりNワードを言う問題などは定期的に話題になる。これはビリー・アイリッシュやオリヴィア・ロドリゴなど、政治や社会問題に対しても声を上げているZ世代のアイコン的存在の人物たちが黒人英語（blaccent）をファッション的に用いていることが批判されている事象にも共通する傾向だ。

例えば穏やかな観客が多いと思われていたオリヴィア・ロドリゴのライブで殴り合いが起き、そのシュールな映像がTikTokでバズって大手メディアにも取り上げられたり、ティナーシェのライブで殴り合いが起きた時にティナーシェ本人が引用リツイートしたり、「バズ」による承認欲求を満たすために過激な映像を載せる人は少なくない。「Z世代は〜」と一括りにする前に、そもそもZ世代とは非常に多様で、流動的な世代であるという事実を念頭に置く必要がある。

SNS時代ゆえの事件

２０２１年11月5日、テキサス州ヒューストンで開催されたトラヴィス・スコット主催の「アストロワールド・フェスティバル」にて観客が押し潰し合い、地面に倒され踏まれるなどして、多くの人が呼吸困難・心肺停止となる大事故が発生した。10日後の11月15日時点では10人の死者と３００人以上の負傷者が報告されており、訴訟も発生している。亡くなったのは9歳から27歳の10人と公表されており、ＳＮＳでは「Z世代にとっての9・11だ」などと騒がれるほど、悲惨な事故となった。スコットは以前からライブ中に観客の暴動を煽ったり、セキュリティバリケードを突破することを推奨するなど、熱狂的なファンを危険な行動に積極的に走らせ、２０１５年、２０１７年のイベントでも暴動を扇動し、起訴されている。今回のアストロワールドでも、観客の押し潰し合いに制御が利かなくなっている状況にセキュリティやマネジメントチームが気づいているにもかかわらず、スコット本人は「気づかなかった」ことを言い訳に、止めることなく飛び入りゲストのドレイクを登場させるなど、危険な兆候を無視した。

ファンが目の前で倒れているのに、それを見ながらスコットが歌い続けたり、観客が脚立を登って撮影スタッフに大声で助けを求めても「生配信しているから止められない」と却下されたり、多くの悲惨な動画がＳＮＳで出回った。また、救急隊の車の上で踊り続けるファンや、近くで倒れて心臓マッサージを受けている人がいてもパフォーマンスの動画をスマホで撮り続ける観客など、人道上、衝撃的な映像も多く批判を浴びている。しかも、その車の上で踊った無神経な人物は火に油を注ぐかのように、Instagramでその出来事について自慢する投稿をしているのだ。さらにライブの最中に、パートナーであるカイリー・ジェンナーを含むＶＩＰ席の観客が「安全の確保のために」セキュリティによって誘導されている映像もある。危険な状況であることは誰もがわかっていて、それでもここまでの事態を防ぐことができなかった。この事件はファンの命を軽視して利益だけを追求したことによって起きた悲劇であり、トラヴィス・スコット側の「気づかなかった」という弁解では筋が通らないと批判されている。

この事件は、アーティスト側が神格化されるまでの「セレブ性」と、残酷なまでの「利益」の追求を続けると、どういう事態に至るかを浮き彫りにした。大人たちが、なぜZ世代の若者たちがここまでトラヴィス・スコットのようなラッパーに夢中になり、暴動が起こるようなライブに参加したり、彼のことをやみくもに信仰するのか、不思議に思うのも無理はない。一般的に抱かれている「ラディカルで地に足がついている」というZ世代のイメージとは異なる現実だが、この一見矛盾する状況からはSNS世代にとってのセレブリティのあり方、そして加速する資本主義社会によって歪んだ現状が見えてくる。

Z世代は過激で、信じるものに対して熱狂的で、何者かになりたい、そして理解されたいと強く願っている、というステレオタイプが根強く存在する。しかし実際は、例えばヴィーガンで環境問題に敏感で人種差別撤廃のために戦っているZ世代もいれば、それとは対照的に、権力や影響力にすこぶる弱く極めて資本主義的な、トラヴィス・スコットの悪質なファンのようなZ世代もいるのだ。今の若者たちはフォロワー数が全てだと思っている、という大人たちの呆れた声は常に聞こえてくるが、この指摘はかなり本質的だ。

アストロワールドの悲惨な事件は、トラヴィス・スコットのファン特有の性質が引き起こしたのか、Z世代特有の過激な行動なのか、コロナによる長期間の自粛の暴力的な反動なのか、それともずっと存在していた行動がSNSによって浮き彫りになったのか、はっきりした答えを今すぐに出すことはできない。しかし一つ言えることは、本書で強調してきたラディカルな「Z世代的価値観」は、当然全員のZ世代が持ち合わせているわけではないということだ。

わかりやすい例で言うと、“clout《クラウト》”と呼ばれる、「知名度」や「セレブ度」などが高い人を追いかけることだけに価値を感じる生き方をしている若者もたくさんいる。トラヴィス・スコットは2016年頃のオートチューン・マンブルラップシーンで頭角を現し、有名なアーティストとのコラボを連発、そして2018年の“Sicko Mode”の大ヒットにより、一躍スターとなった。その後フォートナイト、マクドナルド、ナイキなどの大手ブランドとコラボも行い、メインストリームな存在になっていくにつれ、ネット上で彼に関するミームもたくさん生成された。音楽以外でもファッション、ゲーム、カルチャー、映画などの分野に進出し、2020年はマクドナルドとコラボレーションを行い、クォーターパウンダーが全国で売り切れたことが話題になった。2018年にカイリー・ジェンナーとの間に子供が産まれたことで、うまいタイミングで「セレブ」というステータスが加わり、有名ラッパーとしてだけでなく、その豪華な暮らし、お騒がせな話題性などでさらにブランド価値が増した。彼のファンはさまざまで、ハードコアな古くからのファンもいれば、アグレッシブなヒップホップを聴いて「イケている」人たちをフォローすることで自分のステータスも上がっているように感じる、いわゆる「ファックボーイ」たちなどもいる。さらに、Z世代に人気のゲーム、フォートナイト内で大規模なゲーム内コンサートを開催し、約5000万人が視聴。「有名アーティスト（チャートのTOP40）」だけを聴いている、メインストリーム好きの人たちも取り込むことに成功した。

トラヴィス・スコットを聴き、彼のアパレルのグッズを持っていることは、まるで彼の贅沢な生活に近づいているかのような錯覚を起こさせる。これはSNSによって、セレブや有名人と「フォロワー」の関係性にリアルさがなくなり、全く新しい次元で親近感や〝繋がり〟、または〝同質性〟を感じるようになったことも関わっている。知名度や成功といったものに〝関連するもの〟を購入することで、まるで自分もセレブになったような感覚になれる。例えばブランドのバッグがステータスシンボルであるのと同じように、好きなアーティストの限定グッズを持っていることが一部のコミュニティ内で記号の役割を果たすのだ。同様に、トラヴィス・スコットのパートナーでもありZ世代のビリオネアでもある、アメリカで最も有名な家族・カーダシアン家の一員、カイリー・ジェンナーが展開しているメイクブランドや水着ブランドを購入することで、まるでカーダシアンたちのライフスタイルに近づいたような気持ちになるという。こうしていわゆる〝インフルエンサー〟たちは自らが生み出す、不思議な心理状況を利用し、莫大な富を形成している。加えてトラヴィス・スコットは、カイリー・ジェンナーの彼氏というブランド価値がついたことにより、「トラヴィス・スコットのファンであることはクールである」ことにもなった。その価値に気付いたメガブランドがアーティストとコラボをして商品をマーケティングする昨今のトレンドにより、新たに商品を購入させることでブランドに「親近感」を抱かせることに成功している。さらにアーティストの社会的価値も高まり、神格化されていくのだ。カーダシアン家のプロモーション戦略は、そうやって著名な人と付き合ったり友達になることで話題性を作り、どんどん一家のブランド価値を高めることにある。まさにYouTubeやTikTokで「セレブ」へと成り上がることが一般的になった、Z世代的なSNSのあり方と共通しているのだ。

トラヴィス・スコットは、主要なグローバル企業ブランドがZ世代を取り込むために最も効果的な「顔」の持ち主で、ラッパーでは珍しい例だ。2020年から翌年にかけて、ディオールが春夏コレクションでスコットのアパレルブランド「Cactus Jack」とのコラボレーションを行う予定だったが、すでにラスベガスでの大型フェスDay N Vegasを降板させられ、２０２２年４月のコーチェラのヘッドライナーも辞退せざるを得なくなる可能性は十分にあると考えられている[*4]（その後、実際に降板させられた）。今後彼の責任の所在や彼自身のブランドイメージの変化によって、大手企業が彼とどうエンゲージしていくかは大きく変わっていくだろう。知名度と影響力が大きいアーティストが問題を起こしたり「キャンセル」された時に、彼らとコラボレーションをしているブランドにも同様に影響が出る。アーティストとの提携によるリスクと収益のトレードオフは、今まさに再度検討されている最中だ。

アメリカの大手企業ブランディングコンサルのレピュテーション・マネジメント・コンサルタンツの会長であるエリック・シファァーはローリング・ストーン誌にこう語っている。「目の前で爆発してしまったZ世代にとってのアイコンに賭けることは、そのブランドにとっては絶望的なマーケティングの展開となる[*5]」。

ライブ＝Weの幸福

パンデミック中、人々がスマホやSNSに張り付く時間が長くなり、コンテンツに飽きやすくなった結果として、「バズ」のサイクルが圧倒的に早く入れ替わっていくようになった。バズる投稿も、以前のように数週間ではなく数日だけ話題が続き、ユーザーはどんどん過激なコンテンツに麻痺し、よりショック要素の高いものを投稿しなければ反応が得られなくなった。このように日々ショック性の高い動画やコンテンツを流し見していると、異常な行動さえもが当たり前に見えてきてしまう。TikTokでは、ライブで最も盛り上がりを見せた場面の動画や過激なハプニングを上げると、視聴数が上がりやすい。バイラルな（バズる）動画は視聴数やフォロワー数など、目に見える形で「知名度」に繋がるため、ショッキングなコンテンツほどアルゴリズムが有利と判断するという仕組みを彼らは利用するし、そのセンセーショナリズムが極まって、アーティスト側もどんどん過激なパフォーマンスに走ってしまう。フォロワー数が人間の価値を決めるかのような現代社会を生きるZ世代にとって、その数字が「本物」じゃないことはわかりつつも、大きな精神的価値を占めていることも事実だ。

また、大人数の観客の中だと、何をやってもいいような気持ちになってしまう心理状況や、約1年半リアルに他者と接触しなかったことによって人との距離感がおかしくなっていたり、ストレスが溜まったりしていることも、事件の背景にはあるだろう。人気ラッパーのプレイボーイ・カルティも、セキュリティを強行突破したり壁を壊したり、暴動を起こしたファンを不安視し、ライブを中止している。このアストロワールドの事件を経て、今後は恐らくセキュリティ面は大きな問題になり、厳しくなるだろうと予想されている。自分勝手な行動をとる人間が、コロナによって増えたのだろうか？　確かに、ワクチン接種やマスクをせず、社会や他人のことを考慮せずに自己中心的な行動だけをとる人たちの存在がコロナで浮き彫りになったが、それがさらに「人生は一度きり」という考え方によって過剰になっているのだろうか？

Z世代のライブに対する姿勢の変化は、おそらく「YOLO」の精神がコロナ中に定着したことの影響が大きい。「今この瞬間を生きる」ことに囚われすぎている彼らは、共感性が欠如しやすくなるだけではなく、さらにSNSで直接的かつ反射的にインセンティブが得られることによって、極端な行動を煽られているのであろう。

私が敬愛するbell hooksの著書、『all about love』では現代人の自分勝手な行動を、残酷な資本主義や政治制度の影響から読み解き、その問題の解決策として「愛」

を提示している。

“Me”の文化の出現は、憲法と権利章典に明記されている民主主義のビジョンを誠実に実現することができなかった我が国の直接的な産物である。“Me”の文化の中で孤独になると、私たちは他人のことを考えずにひたすらに消費する。支配の倫理が優勢になると、欲と搾取が規範になる。その結果としてもたらされるのは、疎外感や愛の欠落だ。精神的、感情的な欠乏は、物質的な欲と過度な消費の完璧な温床となる。愛のない世界では、人々とつながりたいという情熱が、モノを所有したいという情熱に置き換わってしまう。

「行けばよかった」と後悔するライブはいくらでもあるけれど、「行かなきゃよかった」と後悔するライブは経験したことがない。演奏自体は良くなかったとしても、例えば観客のリアクションを観察したり、どのようなアーティストにどのような観客がついているのか実際に目にすることができる。会場に足を運ばなければ、世界中に届けられた「音源」がどのようにして人々の「人生」の一部になっているのか、なかなか真の意味で体験することはできない。音楽業界での仕事を始める前は、好きなアーティストと同じ空間を共有できることが純粋に嬉しかったし、生で演奏を見られることで大きな感動を得た。しかし今では、アーティストが登場する瞬間に沸き上がる観客の歓声や、演奏中に心を揺さぶられるファンの姿を見聞きする瞬間に、大袈裟に聞こえるかもしれないが「生きている実感」が味わえる。音楽を届ける側の人間としては、音楽を作って世に送り出す作業には、常に大きな不安が存在し、「届いている」という実感が不足している。アーティストの音楽をリスナーはどのように受け取り、それを彼らの人生の中でどのように落とし込んでいるのか。特に有観客ライブが制限されていたコロナ禍においては、アーティストが音楽を作る上で大切にしている「リスナーとの繋がり」は、ＳＮＳ等でしか察知することができなかった。

しかしライブが復活したいま、再び「コミュニティで体験する」ツールとしての音楽の重要性が再評価されている。音楽は決してアーティスト一人によって完成するわけではない。それをともに作り上げる仲間、届けるためのスタッフ、そして仕上がった曲のストーリーや内包されている情緒やメッセージを受け取るリスナーがいてはじめて、刹那的に消えて忘れられていくのではなく、永続的に残れる「作品」が完成する。その工程において最も純度の高いやりとりこそが、会場でアーティストとファンが向かい合って行う「ライブ」というコミュニケーションなのではないだろうか。誰もが外の荒れた世界を一瞬だけ忘れて、大好きな音楽に没頭することができる。これほど共通した意図を持って「エネルギーの交換」を実感することができるのは、音楽以外になかなか存在しない。改めてこの社会において、音楽を生で共有する機会はなくてはならないものなのだと強く思う。

体の細胞一つ一つを刺激するような大音量、日頃は抑圧している感情を解き放つ人々の自由な表情、これがライブにおいて共有される景色だ。ライブは「社会」で他者と繋がっているという事実、音楽が持つパワーや意味、そしてアーティストの社会的責任や影響力についても向き合うきっかけになる。だからこそこのような場所がなくならないために、より多くの人が安心して楽しめるような環境を維持するために、アーティストや観客、そしてさらに言えば社会全体が「なぜライブに参加するのか」、自分一人の“Me”だけではなく、他者と共生する“We”の幸福についても考える必要がある。

最終的には、ライブに参加する究極の理由は、「愛」を感じるためだと思う。自分と他者との繋がりを音楽という形の「愛」を通して体感できるライブという場は、次の世代にも引き継いでいきたい文化的な遺産以外の何物でもない。

＊1 Devon Delfino, "60% of Concertgoers Plan to Spend Extra to Help Musicians Recover From the Pandemic" lendingtree, June 8, 2021
https://www.lendingtree.com/concertgoers-to-spend-extra-to-help-musicians-recover-from-pandemic/

＊2 Julia Hartz, "Raising the Experience Generation: How live events will impact this next wave of doers" LinkedIn, December 2, 2019
https://www.linkedin.com/pulse/raising-experience-generation-how-live-events-impact-next-julia-hartz

＊3 Kevin Roose, "Welcome to the YOLO Economy" The New York Times, April 21, 2021
https://www.nytimes.com/2021/04/21/technology/welcome-to-the-yolo-economy.html

＊4 Brian Hiatt, "Dior's Entire Next Men's Collection Is a Travis Scott Collab – Now It's a Business Nightmare" RollingStone, November 10, 2021
https://www.rollingstone.com/music/music-news/dior-travis-scott-nike-astroworld-1255885/

＊5 同前

第9章

私にとっての美学とSNSの関係
――「インスタ映え」より「自分ウケ」

共感しやすさで人気の YouTuber エマ・チェンバレン。
Photo:Getty Images

いまアメリカでは、Z世代の間で「美学」の革命が起きている。フェアリーライトと呼ばれる細かな電飾LEDが本棚に掛けられ、天井からは植物が吊るされ、壁にはヴィンテージ風のポスターが貼ってある、そんな部屋を見たらZ世代は「aestheticな部屋だ」と言うだろう。または、ふんわりした柔らかい世界観で統一されたナチュラルなファッションスタイルを投稿しているインスタグラマーのアカウントを見たら、Z世代は「aestheticなフィード（投稿）だ」と言うだろう。本来哲学用語として使われる“aesthetic”という言葉を「美学」という意味合いではなく、「オシャレ」なものに対する形容詞として頻繁に使っているのだ。ソクラテスが現代の若者の“aesthetic”という単語の使い方を見たら呆れてしまうかもしれないが、星座占いや性格診断の延長線上でファッションスタイルや聴いている音楽のジャンルまでをも統一し、カテゴライズしたがるZ世代にとって、自分の「個性」にある種の一貫性を持ち、「世界観」を形成することは重要な意味合いを持っている。

日本の若者が、カフェを連想させる部屋のインテリアに対して「オシャレ」、統一感のあるファッションに対して「センスが良い」、そして絶妙な色合いのスイーツに対して「インスタ映え」というフレーズを使うのと同じように、アメリカの若者はPinterestで流れてくるようなカラフルな部屋や、ある「テーマ」を感じるスタイルに対して“aesthetic”という言葉を使う。高いブランド物を持っているか、外見的に美しいか、メインストリームの間で認められているかはあまり関係がなく、総合的な「演出」の芸術性や個性が、重要な評価基準となる。

Ｚ世代はリアルな世界で知り合いに会うよりも、ＳＮＳで知り合いの投稿を見る機会の方が多いので、第一印象は現実世界の本人そのものより、その人のＳＮＳアカウントの「イメージ」によって決まることが多い。ちょうどInstagramの全盛期とも言える時代にVSCO（画像加工アプリ）が流行ったことで、写真をどのような色合いに加工するのが「オシャレ」なのかを考えるのが普通になり、ＳＮＳアカウントの「イメージ」戦略を考える傾向を加速させた。今となっては、「みんなが同じものを同じように加工して載せるのはダサい」という認識に変わったが、この過去のトレンドの名残で、現在でも若者たちは基本的に「Instagramでは統一感のあるaestheticな世界観を作りたい」という気持ちを持っている。

さらに、Instagramがオワコン化していくのとともに、TikTokが短いYouTube的な存在として「生活」を映し出すようになり、ライフスタイルに統一感を持たせることが求められるようになったことも、形容詞としての“aesthetic”の普及に貢献している。例えば、ヴィーガンであるのと同時に、古着が好きな若者は多い。これは環境問題に配慮し、反資本主義的な価値観を持っているというアイデンティティを、ライフスタイル全体で表現しているのだ。

オシャレな世界観を表す用語として“aesthetic”が使われ始めたのは、2014年頃のTumblrやInstagramなどのSNSからだと言われている。VSCOの加工による鮮やかな色合いとヴィンテージ風の質感のある世界観を指す。どの写真も常に夏のような雰囲気で、「旅行慣れしている元気な若者」が持てはやされていた当時の時代背景も影響しているように思う。今では“aesthetic”の他に、“cottagecore（田舎でのシンプルな生活を連想するような、ゆるふわでガーリーな可愛いスタイル）”や“academia（カフェや図書館が似合いそうな、ゴス調やヴィンテージを取り入れたスタイル）”、“kidcore（’90年代へのノスタルジーとカラフルな色合い、子供の頃に見ていたアニメ・キャラクターのデザインなど、自由なイメージのスタイル）〟、〝e-boy/e-girl（極彩色の髪や太いアイライナー、スケートカルチャー、パンクロック、アニメなど「ネット文化に影響を受けてネット上でしか存在しない」スタイル）〟など、ＳＮＳの世界観のテーマを表す言葉がたくさんある。

ミレニアル世代がティーンだった頃には、雑誌やテレビをはじめとした大手メディアが「何がクールか」の基準を支配的に生産していたのに対して、現在では多種多様なインフルエンサーがＳＮＳ上に存在し、影響力は「上から下へ」ではなく「横から横へ、下から上へ」流れるようになっている。特定のブランド品やブランド服がステータスシンボルだった一昔前と違い、今では「何がクール」なのかは自分が決める時代になっている。ＳＮＳでフォローしているセレブや有名インフルエンサーに多少は影響されつつも、最終的には実に多様な情報源から自分の好みのもの、または自分が「好きになりたい」ものを取捨選択し、自分の「スタイル」を形成できる。選択肢が広がったことによって、表現の自由を手に入れた、と言っても良いかもしれない。その〝aesthetic〟なＳＮＳアカウントの持ち主の「個性」や「価値観」が評価されているのであって、その人の財産や社会的な成功が評価されているわけではないことも重要な変化だ。

Instagramをはじめとした SNSは、私生活を手軽に友達にシェアするためのツールとしてのSNSから、どれだけ素晴らしく、誰もが羨むような日常を送っているかを「自慢」する場所に変わってしまった。しかし、SNSではお金があると自慢するのは必ずしも良いことだと思われないし、むしろ嫌われやすい行為だ。だからこそ思い切り「フレックス（キメポーズ）」をするラッパーなどの独特のカルチャーは存在しつつも、一般人がやったら特に新しさもなければ、社会的な価値もない。実生活と同じくらいSNSの世界も「リアル」であるZ世代は、幼い頃からSNSにおける欺瞞や危険性について学び、学ばされている。例えば、2013年頃のTumblrでは骨が浮き出るほど細いモデルのモノクロ写真が理想的とされ、ティーンの間での摂食障害が社会問題となった。若者に対するSNSのそういった危険性が指摘されるようになり、少しでも要因になりそうな投稿やトレンドは一般ユーザーが問題提起し、議論をする土壌が出来上がってきている。その結果、SNSで見える他人の人生は「切り取り」であることをZ世代は嫌と言うほど聞かされており、新たな意味での「リアル」や「自己表現」を求めているのだ。

Z世代にとって、「個性」とは「他人と違うこと」では必ずしもなく、自分が本当に好きなものや価値観を認識し、表現する行為の先にある。「周りのみんなと一緒がいい」とか、「お金持ちに見られたい」といった、かつての若者の間で一般的だった気持ちは薄れ、「どのような人間であるか」を自分でキュレートすることに夢中になっている。

小さな「共感」が並立する世界

かつては「手の届かない存在」を演出することこそが存在意義だったセレブたちまでもが、「共感できる」カジュアルな格好を好んで取り入れ、ヨガやコーヒー、ヴィーガニズムや政治性などで特定の価値観を持ったファン層を形成するようになっている。わかりやすい例で言うと、人気Ｚ世代YouTuberのエマ・チェンバレンは鬱と不安症について赤裸々に、そしてユーモラスに語ることで人気だが、彼女は自身のコーヒーブランドを立ち上げた。このようなマーケティングこそが「共感をベースにした」Ｚ世代的な手法だと話題になっている。また、高いブランド物よりも一点ものの古着や、価格は高くなくとも個数が限られている商品の方が価値があるとされ、単にブランドのロゴがあればいいというわけではない、というところにもＺ世代特有の「コミュニティ意識」が大きく影響していると考えられる。誰からも「かっこいい」

「羨ましい」と思われるようなイメージではなく、自分が選んで所属しているコミュニティの中で価値のあるイメージを重要視するのだ。だからこそある属性の人が見た時に感じられる「テーマ・世界観の統一感」、そして「共感・アプローチのしやすさ」が重要になっている。

ブランド至上主義だったミレニアル世代のように、世間に決められた良いものをただ辿ることはZ世代的ではない。政治的スタンス・環境問題に対する取り組み等に共鳴できるブランドで買い物をしたり、メンタルヘルス・セルフエデュケーションなどについて説いているインフルエンサーを支持するなど、「aesthetic な世界観」はファッションやインテリアだけではなく、包括的な価値観によって形成される。逆に言えばどのようなライフスタイルや「価値観」を持っているのか、外見や装いから特定できるようになってしまった。更に、誰もが自ら「ステレオタイプ」に当てはまるようになってしまった、とも言える。枠にはめられたくないのに、自分にラベルは貼りたがる、その矛盾こそがZ世代の皮肉なところだ。多種多様な「ラベル」や「属性」が生まれているのは、誰もが自分のスタイルにユニークな名前をつけられる表現の自由があるからで、実際は同じスタイルのことを指している場合も多い。

また、価値観が違うことによって壁が生まれ、接しにくい状況になりやすい社会において、自分と「同類」であるとわかるその安心感を得るためにも、他者からではなくむしろ自分からレッテルを貼りにいく場合もあると考えられる。例えば、クィアコミュニティと“aesthetic”を重視する人たちをベン図で表現するならば、二つの円は大きく重なる。安心できるコミュニティを作るために、外から見てわかる世界観を敢えて形成している節は確かにあるのだ。

かつてメディアがトレンドを作っていた時代と大きく異なるのは、「自分らしさ」や「自分が一番可愛いと思う」もの、「自分が一番美しいと思う」もの、「自分がなりたい人」が持っていそうなものや住んでいそうな部屋などのイメージを追求し、“aesthetic”を形成していることにある。そしてＺ世代たちは「完璧」な人生に見える投稿をInstagramにあげるよりも、自身が演出したい「自分らしさ」や「エッジィさ」の方を重要視する。

ファストファッションやオンラインショッピングが現代のように発達していなかった時代は、アメリカ郊外のショッピングモール文化からわかるように、階級や収入によって買い物できる場所が限られ、できるオシャレや取り入れられるスタイルも限られていた。しかし今では、絶対的な価値を持つはずであるブランド物でさえもいわゆるフリマアプリやレンタルサービスなどで安く手に入り、「誰もが羨望する」物質やライフスタイルの概念は消えつつある。女子なら誰でも憧れる「クールガール」、または男子なら誰でもなりたいと思う「ジョック（スポーツマン系イケメン）」など、ドラマ『glee』等で顕著だったステレオタイプ的な「理想のティーン像」も、同じように消えつつある。もちろん今でも存在してはいるが、例えばNetflixの人気ドラマ『セックス・エデュケーション』を見てもわかるように、さまざまなスタイルを持った個性的なキャラクターが登場する。一つの定型に当てはまるのではなく、好きな服装や好きな音楽などを通して、みんな自己表現をしている。「流行っているもの」を単純に追いかけている人は、"basic"や"cheugy"と言われ、「つまらない、個性のない、何も社会について考えていない人」というレッテルを貼られがちだ。一昔前の若者たちはポップパンクや「エモ」などをカウンターカルチャーとして掲げていたが、そのように「メインストリーム」＝善とされているわけではなく、むしろ"basic"であることがファッション面において「悪」である今、反抗心やメインストリームに対する憎悪よりも、自分に対するセラピーやセルフラブに近い自己表現だと感じられる。

メインストリームから外れた「価値観」を表現したがるのは、Z世代のオルタナティブな生き方にも表れている。いわゆる「メインストリームな価値観」が「保守的な価値観」とイコール関係ではないにしても、最終的には資本主義的で持続可能ではないと認識されているのだ。メインストリームが生み出す商品や価値観に対してZ世代が嫌悪感を抱くのは、資本主義や大量消費、白人中心的なマーケティング、企業による消費者からの搾取などが感じられるからだ。そのマスに対する嫌悪感をポリシーとして抱きつつも、一方でファストファッションのサイトから大量の服や小物を買い、色々と好みやスタイルを実験的に模索しながら"aesthetic"をキュレートする人も多く、かなり矛盾していることは否めない。

芸術的かつ個性的で、フォロワーが見て「真似したい」と思うような世界観を形成し、InstagramやPinterest、またはYouTubeで著名なインフルエンサーたちが、ファストファッションブランドからスポンサーシップを得たり、何かしらの商品を売ることで生計を立てている場合も多い。また、統一感が強く保たれたライフスタイルを捉えた画像や動画は、「真似したい」という気持ちを煽るので、SNSでエンゲージメントを稼ぎやすい。結果としてプロ・アマや規模の大小関係なく、「ライフスタイルインフルエンサー」を自称する人は星の数ほどまでに増えた。こうしてトレンドが上から下に一方通行で流れているのではなく、横から横に、そして下から上へと流れている構図はファッション業界の中では画期的な変化を起こしているが、トレンドサイクルがさらに早くなり、むしろ環境に対する負担などは悪化しているとも言われている。

インターネット世代特有の「マイクロトレンド」は、かつてハイブランドが一年間に数回のコレクションを作り、それを元に大手メディアやその他ファッションブランドが「トレンド」を生み出していた時代とは大きく異なる。新しい"aesthetic"をTikTokerやインフルエンサーが生み出すと、フォロワーはその動画に登場するアイテムに似たものを購入することで「世界観」を模倣しようとする。こうして2週間に一度と言っても過言ではないほど、トレンドサイクルは早まっている。インターネット世代が、過去の世代に比べて格段に多くの新しい「価値観」に名前を付けて識別しようとする傾向による副次的な効果だ。TikTokの動画があっという間に爆発的に拡散して、また新たなマイクロトレンドを生み出してしまう。この問題は、新しいものが絶え間なく流入するおかげで、常に買い続け、消費し続けるという持続不可能な願望を生み出していると批判されている。

「自分モテ」重視への変化

ティーンが親世代の若い頃に流行ったファッションを好んで着たり、趣味でレコードを集めたり、ディスコサウンドが再び音楽業界を席巻したりと、「レトロブーム」が起こっていることは、日本のニュースでも話題になっている。最近大人たちを戸惑わせている「Z世代トレンド」といえば、アップルのAirPodsなどのコードレスのものではなく、コード付きのイヤホンを使うことが「オシャレ」になりつつある現象だ。[*1] モデルのベラ・ハディド、女優のリリー＝ローズ・デップなど、日頃のストリートファッションもバイブルのようにオシャレ女子たちから崇拝されている、いわゆる「イット・ガール」のセレブが敢えて「一昔前の」コード付きイヤホンを使い、Z世代たちがそれに惹かれて真似する現象が起きている。ヴィトンやグッチのように、ブランドのロゴがついていて見ればほとんどの人が「高価なブランド物だ」と認識できるようなステータスシンボルでもなく、誰もが知っている「トレンド」でも決してなく、インターネットカルチャーに精通している人でなければ気にもかけないような現象だ。しかしこの「自己満足」の態度にこそ、Z世代が持つ「美学」の本質が宿っている。

アップルのAirPodsが発売された当初、３０００円で買える有線イヤホンに比べたら非常に高価なその値段に対して多くの人が驚き、抵抗を感じた。今となっては日常的なアイテムとなったが、「テック業界で働いている、偉そうな男性」が身につけている製品だというイメージを未だ抱いている人も少なくない。金融やマーケティングに対して熱心で、資本主義に迎合している「テック・ブロ（ブラザー）」のイメージは、まさに“aesthetic”を気にする若者からしたらこの上ないダサさだ。さらに、有線コードは「周りから見えやすい」こともあり、「私は音楽を聴いているミステリアスな人物」というイメージも演出しやすい。iPodがまだインターネットに繋がらなかった時代、ちまちまとCDやiTunesから曲を取り込んで、アルバムごとに曲を聴いていたあの「シンプルな時代」を象徴していて、もはや「レトロ・ヴィンテージ」なアイテムと化している。今の大人たちが見たら「ダサい」と思うようなY2Kファッションを Z世代が愛しているのと同じように、新しいテクノロジーやトレンドによって切り捨てられた事象に慈愛を寄せるのは、Z世代特有のノスタルジーとの向き合い方とも考えられる。

「人気者になりたいから」「トレンド入りしているから」という理由で服装やライフスタイルを選ぶのではなく、「自分が着たいから」「自分がなりたいイメージに近づけるから」という理由で心を動かされるZ世代は多い。日本でも「異性（または他者）

モテから自分モテへ」という動きがファッション誌などで起きつつあるが、まさに同じ現象がミレニアル世代からZ世代にかけて起きている。また、「ガールボス」や“Man Repeller《マンリペラー》（男ウケしないファッション）”など、資本主義的かつどこか男女を性別で対立させるような社会的なトレンドから、クィアでジェンダーニュートラルな自己表現が中心的なトレンドになりつつある。ジェンダーニュートラルな装いを好むZ世代によって、ハイパーフェミニンな服装でさえも「アイロニー」が込められている。例えば、全身ピンクの露出度の高い服を着て、キラキラのヒールを履きつつも、反資本主義や「クィア性」についてユーモラスに発信しているTikTokerのChrissy Chlapeckaなどは、この「頭の悪そうな女性」という意味合いの“bimbo”という言葉に、全く新しい、皮肉的な意味合いを含ませて再定義している。

ファッションやライフスタイル、音楽の好みをSNSで発信することとは、極めてパーソナルなものでありながら、「他者から見たときに自分がどう見えるか」という究極の客観的キュレーションでもある。環境問題や政治、そしてセクシュアリティやジェンダーなどに対する個人的な価値観や自分に対する向き合い方は、「他人にどう思われたいか」以上に「どういう人間として生きたいのか」という本質的な問いに直接繋がる。Z世代が執着している“aesthetic”の形成は、まさしくこの「自己表現」を通した「セルフラブ・セルフケア」と内省的な自己探索の表れでもあるのだ。

＊1 Elena Cavender, “Why Gen Z is plugging in wired headphones and tuning out AirPods” Mashable, October 27,2021
https://mashable.com/article/wired-headphones-instagram-account-tiktok

第10章

私にとってのファッショントレンド
——買い物は投票

価値観を大転換して復活した
「アバクロンビー&フィッチ」。
Photo:AdobeStock

いまアメリカでは、Z世代の間で「ファッション」の革命が起きている。ファッションとは身体を拡張した「視覚的な自己表現」であり、アイデンティティや価値観を重要視するZ世代にとってはとても大切な要素の一つだ。'90年代のショッピングモールカルチャーのように、ティーンたちが地域のショッピングモールに入っているブランドにスタイルを縛られたり、トレンドが一部のセレブやファッション誌によって形成されていた時代から、状況は大きく変わった。今ではSNSに存在するありとあらゆるインフルエンサーが相互に影響を与え合い、それをフォローしている一般人がまたSNSで自分のスタイルを発信する。また、環境問題や格差社会に声をあげるなど、「エシカル性」を重要視することがZ世代的価値観であるといわれており、古着やエシカルブランドの人気が高いこともよく「Z世代の特徴」として挙げられる。しかし一方でファストファッションも揺るぎない人気を誇り、「マイクロトレンド」と呼ばれる無数のトレンドが絶え間なく生まれては死んでいき、いまだかつてないスピードでファッションのトレンドが移り変わっている。SNSに支配された世界、そして「明日の希望」が見えづらい世界において、若者たちはファッションを「自己表現」と「現実逃避」のツールとして活用しているのだ。

自己肯定感が最重要

Z世代の価値観を形作る大きな要素として、環境問題、コロナウィルス、そしてジェンダー・セクシュアリティに対する考え方が挙げられる。限られた資源を枯渇させ、豊かな生活を享受してきた大人たちの自分勝手な行為が生んだ環境破壊、さらにコロナウィルスに伴うロックダウンや隔離によって、アイデンティティ形成と「若さ」を体験するのに重要なティーン時代や20代前半という時期を奪われてしまったZ世代は、自己表現やコミュニティ形成などといった「自己の探索」がほぼ全て必然的にオンライン上で行われることになった世代でもある。SNSの発達だけではなく、このような社会的要因によって、「リアルな世界に対する責任感と緊迫感」と「ネットの世界での自己表現」は、Z世代にとってどちらも矛盾することなく大切なものなのだ。

同様に、インターネットショッピングの普及に伴う実店舗の需要の低下と縮小によって、ファッションへの「アクセシビリティ」が目まぐるしく変化した。ボディポジティビティムーブメントの話にも繋がるが、「ファッションの場」のインターネット上への移行、そして社会的価値観の「多様化」によって、ニッチな客の需要と多様性が「可視化」され、ファッションへの「アクセシビリティ」が向上したのだ。自分が住んでいる地域で提供されているファッションブランドや、一般的とされている「スタイル」に縛られることなく、誰もが好きな服を好きな時に買える。店に足を踏み入れた時に「場違い」になるかどうかなど一切気にする必要がなく、自分の寝室からパジャマのままでショッピングを楽しむことができる。さらに、コロナウィルスの感染拡大に伴う外出制限によって、実店舗での買い物に抵抗を持つ人が増えた。SNSを見たりネット記事を読んだりする時間が増えると、自分をターゲットにした広告が絶え間なく表示される。自分が本当に着たい服をSNSで研究し、自由に選択することができる時代になったのだ。

第1章で「セルフケア・セルフラブ」について書いた。Z世代とセルフラブの関係性をより深く理解するには、まずはX世代とミレニアル世代の間での変化を知ることが必要になる。「自尊心の低い世代」と呼ばれるX世代と比較すると、ミレニアル世代はダイエットプランやフィットネスジム、セラピーや瞑想アプリなどにお金をかけやすく、健康や体重、生活の質などを「金銭を払って改善すること」に執着した世代だと一般的に言われている。ブーマー世代が作り上げてしまった不況にX世代とともに苦しみながらも、企業の広告が発端ではあったものの、自己肯定感を高めていこうという趣旨の「エンパワメント」のムーブメントが巻き起こったのは、ミレニアル世代がきっかけだったと言っても過言ではない。

ミレニアル世代は不安定な雇用情勢や不況に悩まされながらも、「生活を豊かにするための活動」を自分たち特有のカルチャーとして積極的に探究した。その結果、資本主義的な価値観をベースにしたメンタルヘルスや、身体的健康を優先した「ウェルネス市場」が活性化した。例えば、毛穴やニキビ痕、急激な体型変化によって出来るストレッチマークといった、いわゆる「欠点」をモデルの顔や体から消し去るのが一般的だった美容・ファッション広告のあり方を、ミレニアル世代から支持されるブランドたちは大きく変化させたのだ。

それまでのファッション業界では、人間離れしたプロポーションのモデルを起用することで「理想の体型」と「ブランドイメージ」を結びつけることが一般的だったが、そのような広告の影響を受けた若い世代の摂食障害や自己肯定感の低さなどが社会問題となった。ミレニアル世代の間で流行した「ヘロインシック（ガリガリに痩せたモデルを起用するファッショントレンド）」やヴィクシー（ヴィクトリアズ・シークレット）モデルの「人間離れしたプロポーションこそが正義」といった風潮を目の当たりにしたZ世代の間で、「若者とファッション広告と健康」についての社会的な意識が強く芽生え始めた。学校教育でも専門家が呼ばれ、広告に隠された「嘘」やメディアによって煽られる「理想像」の危険性について学ぶ機会も多かった。ミレニアル世代は憧れの非現実的なライフスタイルを商品の消費に結びつけることを「古い」と定義づけ、そしてZ世代は、自らのメンタルヘルスを守るために「リアル」を求めるようになっていったのだ。

かつて、アバクロンビー&フィッチの社長が「うちのブランドはクールなキッズにしか売りたくない」と発言したことが話題になり、大いに批判された。しかし現在アバクロンビーはまた人気が復活し、TikTokでは「魔法のジーンズ」が買えるブランドとしてバズを繰り返している。この復活劇の理由は、ブランド自体が打ち出す価値観を大々的に変え、現代のミレニアル世代とZ世代が求めるものと真摯に向き合い、顧客のニーズに合わせたことにある。かつて店前に腹筋の割れたモデルを上半身裸で立たせたり、細身のサイズしか販売しなかったり、クラブのように照明を暗くした店内で大きな音で音楽を鳴らしていたアバクロンビーは、当時は「スポーティーでお金持ちで、クールな白人の若者」をターゲット層として絞り込んでいた。しかし現在では、ウェブサイトを見るだけでも変化は一目瞭然だ。

色彩もフォントも軽やかで爽やか。服装はカジュアルで親しみやすく、象徴的なヘラジカのロゴがほとんどなくなったことで、ブランドにとらわれなくなった。花柄のドレスや破れたジーンズは、白い背景で撮影され、サイズも民族も様々なモデルが着用している。[*1]（拙訳、以下同）

このような変化は喜ばしいものの、近年Z世代の間で人気のBrandy Melville《ブランディ メルビル》というブランドが、過去のアバクロンビーと同じようなマーケティング方法を採っているとして、再び問題視されている。Brandy Melvilleのインスタグラムアカウントを見ると、細身で白人のモデルがほとんどだ。このブランドの特徴はティーンに向けてマーケティングしていること、そして「ワンサイズ」しか展開していないことにある。Brandy Melvilleのヴィンテージ風なスタイルはZ世代カルチャーに大きな影響を与えていると言っても過言ではない。それは、店舗を訪れたオシャレな客のスナップ写真を撮って、そのスタイルから受けたインスピレーションをヒントに服を生産しているからだと言われている。まるで時代に逆行するかのように、細身で白人のモデルばかりを起用しているBrandyだが、そのイメージ戦略は逆に現代において「新鮮」と感じられ、若い女性たちに「痩せなければ可愛い服が着られない」というプレッシャーを再び与えているとして、常に議論の対象になっている。[*2]

2013年前後は、現在でもポップカルチャーの重要なテーマとなるほど、「Tumblrの黄金期」とされている。Instagramが誕生する前はTumblrをいわゆるブログのようにティーンたちが活用し、前章で書いた"aesthetic"な世界観を各々でキュレートしていた。当時のTumblrを代表する人気のテーマといえば「ヘロインシック」だろう。The 1975やArctic Monkeys等のインディーロックバンドが「オルタナティブ系」のティーンの間で大人気で、彼らのビジュアルもこぞって白黒ばかりだった。[*3]

ごく一部のデモグラフィックのみをターゲットとし、その他を存在しないことにするようなマーケティングは、体型だけでなく人種でも行われていて問題視されていた。最も人種的に多様な世代であるZ世代にとって、まるで「白人以外は美しくない」と伝えるかのような、白人中心主義的なマーケティングは全く魅力的に感じられない。アジア系やアフリカ系など、肌の色の濃い人たちは服から常に「排除されている」気分になっていた。メイク用品では自分に合ったファンデーションの色が無かったり、人気ブランドのサイジングは細身の人しか着られないようにデザインされたりしていた。しかし、有色人種のモデルがランウェイで起用されたり、いわゆる「プラスサイズモデル」がInstagram等のＳＮＳで「共感できる体型」として支持されたりするようになり、ファッション業界のあり方も変化した。例えば、リアーナが２０１８年に設立したランジェリーブランド「SAVAGE X FENTY」が爆発的な人気を得たのは、女性だけでなく男性用の商品やジェンダーレスな商品を売っていること、そして多様な人種、多様な体型のモデルを起用していることにあるとされている。フェミニズムムーブメントの一環として広まったボディポジティビティムーブメントだが、同時にＬＧＢＴＱ＋アクティビズムがよりインターセクショナルになっていくにつれて、ブランドのマーケティングやイメージ戦略もインクルーシブである必要性が増していっているように感じられる。

さらに近年では、太っていても美しい、どんな体型でも美しい、という言説よりも、もはやどんな体型であろうとそれは他者が判断するべきことではない、どんな体型も美しさという判断基準に当てはめる必要がない、何よりも健康と精神的な幸福が満たされていることが優先されるべきだという意見も増えている。Z世代の価値観がラディカライズされ、SNSの「幻想」に対する意識が変化していくとともに、ブランドにどのような価値観を求めるのか、どのような商品を求めていくのかが重要になってきている。消費者の声によって、ファッション業界が今後大きく変化していくことで、Z世代やそれより下の世代の価値観にも影響を与えていくだろう。

ジェンダーとファッションの現在地

明日のことさえ分からない世の中において、確かにコントロールできるのはセルフイメージだけだ。かつては「大人になったら着よう」とか、「痩せたら買おう」とか思っていた服も、YOLO（人生は一度きり）的な考え方に基づくなら、今すぐに着るべきだ。髪を突然ピンク色に染めたり、メイクを大胆に変えたり、男子がネイルを塗ったり、ジェンダーロールを逆転させるような服を着たりと、「今、ここ」を生きるマインドフル的な考え方を持って、セルフイメージのリブランディングを頻繁に、かつ実験的に行っている人は少なくない。ファッションこそがZ世代にとって、現実と向き合うと同時に、現実から逃避するためのツールでもあるのだ。さらに、実際のジェンダーやセクシュアリティにかかわらず、クィア「っぽい」格好をすることがクールであるというムーブメントも起きつつある。TikTokをはじめとしたSNSではクィアで個性的で「イケている」著名人の活躍が増え、様々なスターが誕生している。お洒落で社会的意識も高くてユーモアも抜群な人は、クィアコミュニティに属していることが多いという認識が広まっている。TikTokでは「どうしたらストレート（ヘテロセクシュアル）に見られないか」というチュートリアルが存在しているほどだ。

全体の約15％がLGBTQ＋だとされているZ世代にとって、ファッションとは実験的に自分のアイデンティティを模索するための重要な手段だ。[*4] 学生たちの運動によって学校でのドレスコードがセクシスト（性差別的）なものから自由なものへと変化していったり、ハリー・スタイルズなどの男性トップスターがVOGUEの表紙でドレスを着たり、奇抜なファッションやメイクが特徴的なLil Nas Xが世界的トップアーティストになったりと、レプリゼンテーションと同時に進む社会の価値観の変化に伴い、「ジェンダーと服装の縛り」が緩やかになりつつある。男性がパールのアクセサリーやネイルをすることがスタイリッシュだとされたり、メインストリームなファッションの価値観にはまらない「ジェンダーニュートラル」な装いの方法がTikTokで紹介されたり、多くの情報を取り入れることで選択肢が増え、自分のアイデンティティに当てはまるファッションを選ぶことができるようになった。「こうならなければいけない」というイメージがなくなり、自分が好きなロールモデルを決め、自分が好きな服を着られる社会になってきている。それはジェンダーや人種、体型全てに当てはまることでもある。だからこそ、Z世代的なファッションといえば環境に配慮した古着の着回し、奇抜な柄やクリエイティブなシルエットでジェンダーの前提を覆すようなアーバンベーシック、そしてメインストリームからかけ離れた「クィア性」を感じさせるスタイリングになるのだ。

さらに、派手なロゴなどが付いていて誰もが「高価なもの」だと認識できるようなブランドものを持つことよりも、例えばニッチな雑誌のトートバッグを持っていたりインディーバンドのマーチャンダイズ（グッズのTシャツ）を着ていたりと、「分かる人には分かる」属性を体現していることや、自分が好きなインフルエンサーに近づいた感覚になれる「自己満足」の方が重要なのだ。Instagram などのSNSでファッションを披露しているのは、他者からの承認を得ることで、自己肯定感を上げるためでもある。

古着がトレンドな理由

「同調」や「トレンド」に大きく左右されていたミレニアル世代とは異なり、Z世代はファッションにおいて「個性」や「自分らしさ」を大切にするため、他人とは違うファッションを楽しめる古着は唯一無二のスタイルを探究するための手軽な手段でもある。「今時の若者は古着が好き」というステレオタイプがあるが、実際にZ世代インフルエンサーやTikTokerたちは、こぞって古着のアイテムを身に付けており、同世代から強い支持を得ている。Z世代が古着を買うこと（英語では"thrifting《スリフティング》"と呼ぶ）に興味を持っているのは、まず経済的な理由として、2007年から2009年にかけての不況期にティーン時代を過ごした人が多いことが大いに影響していると推測される。コロナの時代に就職期を迎え、膨れ上がる学生ローンを背負わなければならない状況で育ったZ世代にとって、経済的に優しい方法でファッションを維持しようとすることは理にかなっているのだ。[*5]

さらに、古着好きのZ世代の中には、個性的な着こなしができることや、より自分らしいスタイルを確立できることに大きな魅力を感じている人も多い。この「個性」

には、先に述べたように自分のジェンダーやセクシュアリティをどう捉えるかの多様化も影響している。「ジェンダーという概念は社会的な構築物である」というフレーズがZ世代のアンセムであるように、自分をどのように表現するか、自分のジェンダー・セクシュアリティをどのように認識するかは「自由」であり、常に変化する流動性を持ち合わせているのだという考え方が広く共有されるようになってきている。こうしてジェンダーに対する社会的な規範が緩まり、ノンバイナリー（どの性にも分類されない性的指向）を自認する若者が増えるにつれて、服の選び方も変化している。

Z世代に属する人達はショッピングの際にも性別の二項対立を拒否している。〝常に自分の性別に合わせてデザインされた服を買う〟と答えたのは、ミレニアル世代の54％に対し44％にとどまった。[*6]

目まぐるしく変化するファッショントレンドに縛られることなく、築きたい世界観に合わせてアイテムを選び、唯一無二のシルエットやデザインと出会える古着は「ジェンダーニュートラルなスタイル」を生み出すのに必須となっている。

SNSやドキュメンタリー、社会運動等を通して、ファストファッションの環境的・倫理的な有害さを懸念するZ世代も年々増えている。Z世代的なファッショントレンドといえば「レトロ回帰」が広く認識されているが、このトレンドにはZ世代的な価値観である環境問題への意識や「持続可能性」も影響していると考えられる。古着はその手頃な価格と、ファッションの周期的な性質からくるトレンド性という点で、ファストファッションが提供してきた「魅力」が備わっており、Z世代の要求を満たすことができる。「流行のエッジィなスタイル」を確立するには、環境に対して負担の多いファストファッションや高価なブランドにお金を使う必要がないということを、たくさんのファッション・ライフスタイルインフルエンサーが発信し続けていることもZ世代の古着に対する意識の変化に影響を与えている。例えば、「その辺にいそうな面白い女の子」として一躍大人気セレブとなった2001年生まれのエマ・チェンバレンは、YouTubeだけでも1000万人以上のフォロワーを抱えている。彼女の人気コンテンツとして、低価格で古着が買えるリサイクルショップ「Goodwill」に行ってたくさんの服を購入し、スタイリングする動画が挙げられる。「thrift haul」と検索すると、古着屋でのショッピングを楽しむ若者の姿が見られる。まるでショッピングモールやオンラインショッピングで新品の服を大量に購入するインフルエンサー文化に対抗するかのように、いわゆる「爆買い」をよりサステナブルに、そして低価格で楽しめることを彼女たちは発信し、その手軽さとエンターテインメント性に多くのZ世代は共感しているのだ。さらに、古着の売買がPoshmark、ThredUp、eBay、Depopなどのアプリで簡単にできるようになったり、リメイクをした古着を販売しているブランドやクリエイターのSNSアカウントなどから直接買うことも可能であったり、古着屋に足を運ぶ以外にも手軽に古着を購入する手段が増えているのだ。

「Z世代は環境問題に対してコンシャスで、古着を積極的に購入する」という、世代全体に対するイメージが定着しているが、一方ではZ世代もファストファッションの大量消費をしていることが問題視されている。YouTubeやTikTokにおいて、大量の安い服を購入して視聴者に見せるという"haul（購入時の体験談や購入した商品の価格などを詳細に説明する動画）"が根強い人気を誇っている。安い服をたくさん買い、色々なコーディネートを見せるジャンルの動画は衝撃的かつ見ていて刺激的であるため再生数が稼ぎやすく、このような動画に影響されてファストファッションのブランドからたくさんの服を買っている人も多い。

Z世代全員が古着好きなわけでは決してなく、ある共通した世界観を持つインフルエンサーやモデルたちが一時期全員同じような服を着て、数週間後には全く違うテイストの服を着ていたりする。彼らにとってはその行為は「ビジネス」に必要なことだが、その影響で購買者側のトレンドのサイクル自体も超加速化しており、この「マイクロトレンド」と呼ばれる現象は環境アクティビストたちなどによって強く批判されている。

Z世代が古着好きで環境問題に対して高い意識を持っている世代だとするならば、ファストファッションを支えているのはZ世代であるという現象は矛盾しているように見える。「お金のない人がおしゃれをするためにも、安いファストファッションの存在は必要だ」という意見もあるが、経済的に余裕のあるインフルエンサーたちが視聴者数やフォロワー数の増加、またはアフィリエイトビジネスなど、プロモーションや自己イメージのために大量消費をしていることも事実だ。ファストファッションを全員でボイコットし、より価格帯の高いエシカルファッションに投資することは難しくても、影響力のある個人がSHEINなどの大量生産・大量消費を推奨するブランドで何十着も、何十万円も購入することを問題視したり、大手ファッションブランドの「グリーンウォッシング」などの表層上のみの環境問題対策に批判の声を上げるなどの態度を示すことはできる。

「買い物は投票」という理念を持つ多くのZ世代はコンシャスな消費をするように心

がけているが、その行動は決して完璧だとは言えないし、まだまだ学びが必要である。本質的な問題はどこにあり、それを改善するにはどう行動すれば良いのか、知識の共有と議論を重ねることで、答えが見えてくるだろう。

消費社会との自己矛盾を超えて

商品を売るために毎年強制的に作られる擬似的な「トレンド」や、「この体型やこの年齢、この人種や肌色だったらこういう格好をしなければならない」という固定観念から解放されつつあるZ世代にとって、ファッションの意味合いは前の世代から異なるものになりつつある。例えば白人中心的なファッションのあり方から、よりユニークなスタイリングや「自信」につながるような、ある種のコスチュームの役割をファッションに見出すようになった。その変化は例えばビリー・アイリッシュがトレードマークだったバギーな服から突然露出度の高いコルセットを着るようになったり、ノンバイナリーのTikTokerが日によって「異なるジェンダー」の服を自由に着ていることにも現れている。「いかに痩せて見えるか」や「いかにお金持ちに見えるか」などの他者からの承認は空虚であり、持続可能な承認欲求の満たし方ではないことを

Z世代は「メンタルヘルス」の観点から理解している。それよりも、壊れつつある世界においてどのような人間になりたいのかについて、日頃から考えているのだ。

セルフケアやメンタルヘルスの一環で、自分らしさや「より良い自分」を目指すためのマインドフルネスの重要性などが言われるようになったが、結局はまだ消費と「自己実現」や「生産性」に根付いているということは否めない。Z世代はインターネットの発達と共に育った世代だ。早すぎる情報やトレンドのサイクルに日々接触し、「進化しなければ生き残れない」という現代社会の価値観に幼い頃から浸っている。常に物を買わなければならない、常に新しいものを持たなければならない、という緊迫感に常に晒されている。「ダサい服を着たら仲間外れになる」とか、「トレンド遅れの服はもう着られない」といった他者からのジャッジの視線を気にするというよりも、「新しい自分」を追い求める、一見「セルフラブ・セルフケア」に見えるような、実際は資本主義に強く根付いている生産至上主義によって思考が支配されているとも言える。激化する競争社会の中で育てられたZ世代は、「特別」でなければならないというプレッシャーを感じて生きている。「ベーシック（みんなと一緒）」であることが善とされていたミレニアル世代とは対照的に、いかに「ユニークさ」を発揮できるか、そして自分の持ち物にまで「ストーリー」を付随させられるかをSNSによって刷り込まれているのだ。Instagram の世界がフェイクであることは認識していても、やはり「ベストの自分」を見せたいという思考回路は形成されてしまっている。ジェンダーやセクシュアリティの自由を獲得しつつあるZ世代だが、現在決して持続可能であるとはいえないファッションと資本主義の呪縛も、彼らの手によって今後解放されていくであろう。そうすることで初めて、「本当の自分」と向き合い、ファッションを通して自己表現の喜びを得ることができるのではないだろうか。

＊1　Hillary Hoffower and Dominic-Madori Davis, "Abercrombie & Fitch is cool again, after years as the most hated retailer in the US, because it caught up to what millennials and Gen Z want" INSIDER, May 1, 2021
https://www.businessinsider.com/abercrombie-and-fitch-is-back-how-af-became-cool-again-2021-4

＊2　John Adarsh, "Brandy Melville-The Secret Shame" Global Brands
https://www.globalbrandsmagazine.com/brandy-melville-the-secret-shame/

＊3　Rebecca Jennings, "Stuck in 2020, pretending it's 2014" Vox, May 7, 2020
https://www.vox.com/the-goods/2020/5/7/21247938/tumblr-aesthetic-2014-nostalgia-tiktok-indie-pop

＊4　Nico Lang, "Gen Z Is the Queerest Generation Ever, According to New Survey" them., February 24, 2021
https://www.them.us/story/gen-z-millennials-queerest-generation-gallup-poll

＊5　"WELCOME TO GENERATION Z" Deloitte
https://www2.deloitte.com/content/dam/Deloitte/us/Documents/consumer-business/welcome-to-gen-z.pdf

＊6　Zing Tsjeng, "Teens These Days Are Queer AF, New Study Says" VICE, March 11, 2016
https://www.vice.com/en/article/kb4dvz/teens-these-days-are-queer-af-new-study-says

第11章

私にとっての恋愛カルチャー
——人生の本質を見つめて

多様化するマッチングアプリのひとつ「Bumble」。
Photo:Getty Images

いまアメリカでは、Z世代の間で「恋愛」の革命が起きている。恋愛、そして人間の愛はいつの時代も難しいものだ。数百年もの間、音楽や小説などの芸術において、恋愛の難しさが中心的なテーマであり続けていることからわかるように、恋愛に悩まされているのは現代のZ世代特有の話ではない。しかし急速に価値観が変化し、インターネットの発展によって、世界の誰とでも、いつでも繋がれる状態が当たり前であるZ世代は、莫大な量の恋愛に関する情報と、恋愛相手の選択肢を与えられている。恋愛や結婚に対する価値観は時代やテクノロジーの発展とともに変化すると同時に、コロナパンデミックによっても大きくシフトした。長期間におよぶ安定した生活が当たり前ではない上に、大人たちが長らく送ってきた従来のライフスタイルはZ世代にとって合理的ではない。カップルの主なコミュニケーションをSnapchat上で行ったり、モノガミー（一夫一婦制、より広い意味では一度に一人のパートナーとのみ付き合うこと）に縛られず、ポリアモリーまたはオープンリレーションシップ（関係者全員の同意のもとに複数の相手と親密な関係を持つこと）の関係性を積極的に求めたり、大人たちからしたら理解し難いような多様な恋愛形態がZ世代の間では広まりつつある。

コロナウィルスによるロックダウンを経てもいまだに外出自粛やマスクの着用が求められている状況において、ティーンや20代前半を華やかに謳歌したいZ世代にとって、ドキドキするような思いがけない場所での新しい出会いの機会は上の世代に比べたら格段に減ってしまっている。リモート授業では直接対面して会話を交わすこともできないし、外出自粛を求められる状況ではバーやクラブでの若者同士の「典型的」な出会いも生まれない。こうして強烈に出会いや繋がりを求めている若者たちは、SNSやマッチングアプリを通して、ミレニアル世代より上の大人たちには想像もできないような「デート事情」を繰り広げているのだ。

インターネットの発展によるコミュニケーション方法の変化、そしてコロナウィルスによる人生観の変化によって、Z世代は上のどの世代と比べても、「型破り」な人付き合いをすることを恐れない。例えばセックスをタブー視するのではなく、オープンに話し合ったりより現実的にアプローチすることを求めたり、ジェンダーやセクシュアリティの自認の多様化によって、シス・ヘテロ中心的な価値観の社会で成り立ってきた従来的な「当たり前の恋愛」に対して疑問を抱いているのだ。

ジェンダーから解放されつつある時代の恋愛

コロナウィルスの流行によって生まれた数少ないポジティブな現象の一つは、多くの人が自分と向き合い、人生において何が大切だと感じているのか、本質的にどのような価値観を持っていたいのかについて内省し、考える機会を得たことだ。現代のフェミニズム思想を代表する哲学者のジュディス・バトラーが提示した「ジェンダーはパフォーマンスである」という思想がTikTok上で流行ったように、他人と対面することがなく他者の目に晒されない状況において、自分は本当はどのような服を着たいのか、どのように振る舞いたいのか、そしてどのような人間でありたいのかを自問自答し、社会によって定められたシス・ヘテロ的な規範にそわず、ジェンダー自認や性的指向を自分で再定義した若者たちが急増した。マスメディアでクィアな著名人やコンテンツが取り上げられるようになったり、SNSで同世代のクィアな若者たちをフォローしたりできるようになったことによって、自分のジェンダー・セクシュアリテイを探求し、オンライン上でカミングアウトすることのハードルは格段に低くなった。成人しているZ世代の6人に1人がLGBTであり、その割合は増え続けているという統計からわかるように、[*1] Z世代は女性・男性といった二元論的な性別自認、そしてセクシュアリティからどんどん解放されつつある。その影響によって、恋愛関係を構築する方法も変わってきているのだ。Z世代は上のどの世代よりも、セックスをタブー視することが少なく、オープンに語り合うことの必要性を強く感じている上に、ジェンダーやセクシュアリティの流動性も広く受け入れている。恋愛に関して、今まで社会で当たり前だとされてきた価値観に対して疑いを持ち、より多くの人が自由に生きられるような新しいルールや「ノーマル」を自分たちで再定義しているのだ。

Z世代の間で、恋人を求める際の思考が、一生を共に添い遂げる「運命の人」を探し求める人と、自分探しの一環で「多数の人」との出会いを求める人とで、二極化しているように感じられる。パンデミックによって何もかもが不安定で、人生において確かな物などないと感じてしまったZ世代は多い。その彼らの間でも、不安定な世の中だからこそ安定した恋愛関係を構築したいと考える人と、どうせ不安定なのだからコミットメントせずにいろいろな人との相性を試してみたいと考える人に、大きく分かれているのだ。実際に私の周りの友人も、マッチングアプリを使って「結婚して家族を築くことを前提に、真剣に付き合ってくれる人を探しています」と明記し、マッチした人と面接のように Zoom 上で「オンラインデート」をする人もいれば、「オープンリレーションシップ」や「ポリアモリー」の関係を持っている人、そして「フックアップ」と呼ばれる、一夜限りのセックスの相手を探すためにマッチングアプリを用いてカジュアルな関係性のみを保っている人など、多種多様だ。また、それぞれのこのようなライフスタイルをオープンに周りの友人と語り合い、まるでセラピーセッションのようにお互いにアドバイスをしたり、人生観について共有し合っているのも、ジャッジをせずに多様な生き方を寛容に受け入れる、Z世代らしさが反映されている。お互いの人生の複雑さを認識しあい、しっかりとしたコミュニケーションを行った上で、自分にとって最も相性の良い恋愛スタイルを築いていくことの方が、社会的に普通であるかどうかより重要だという考えが広まったことも、大きく影響している。

「付き合う」のカジュアル化

そもそも、日本における「付き合う」ということと、アメリカにおける“dating”という概念自体が、似て非なるものであるという認識を持つことが必要だ。お互いの人生にコミットすることなく、そして関係性を「恋人同士」と定義せずとも、Tinder上でマッチした人とカフェで会話を交わすような「デート」をすることから、性的な関係のみを続けている状況まで、“dating”というフレーズが表現する人間関係は幅広い。キャリアやワークライフバランスに追われているミレニアル世代の間で、手軽にたくさんの人と出会うことができるマッチングアプリの利用が一般化し、コロナパンデミックの発生によって自然な出会いがほぼ完全に消滅してしまったZ世代の間では必須のツールとなった。マッチングアプリのあり方も、利用者の価値観の多様化とともに大きく変化しつつある。例えばBumbleのように女性側からアプローチをしなければならないものやHingeのように音声を録音してプロフィールに投稿できるようなもの、さらにはLexのようにレズビアン、バイセクシャル、クィア女性、トランス、ノンバイナリーの人専用のものなど、単に写真を見てスワイプをしてマッチするようなTinderだけではなく、より利用者のニーズに合わせたニッチなアプリも増えている。

「デート」をすることがどんどんカジュアルなものになり、対面で会って喋ることよりもマッチングアプリ上でチャットを交わしたり、SNSの投稿をチェックしたりする方が多くなっていくにつれて、コミュニケーション方法や関係性の発展のあり方も変化している。多数の人と出会うことが非常に手軽になった一方で、人間を「選択肢」として提示するマッチングアプリの仕様上、他者を「ジャッジ」することが当然の世の中になってしまったのだ。また、Instagramが「他人が羨むほど幸せな人生」を生きているかのように見える写真を投稿する場所と化してしまったことによって、小学生の頃からSNSを使っているZ世代は、恋愛に関して非現実的な理想像を描きがちだ。見た人に「幸せそう」と思わせることで「いいね」やフォロワーを稼ぐことがInstagramでの生存方法になっている以上、インフルエンサーたちはこぞって刺激的で満たされた（ように見える）カップル画像や動画を投稿しなければならない。それを毎日見ている若者たちは、もはや「普通」が何なのかがわからなくなってしまっている。自分たちも「SNSで自慢できる恋人が欲しい」とか、「SNS映えする」ようなデートをしたいといったように、人間同士の感情の絡み合いではなく、他者から承認されたいという願望に突き動かされている人も少なくない。

また、テキストメッセージやSNSのDMが、若者たちの「会話」の大半を占めている今、コミュニケーションのあり方も変化している。実際に会って話すよりも文面でのやりとりの方が多いため、現実よりも饒舌に話せる人もいれば、テキストでの会話が苦手で感情を伝えられず、Snapchatでの写真や短い文章のやりとりを好む人も多い。また、複数の人と同時に会話を進めることが前提であるマッチングアプリの仕様上、オンライン上でテキストの会話を始めてから実際に対面で会って話すまでのハードルが非常に高いこともたびたび問題視されている。

　現代のデート事情を表現するために、新たな単語もどんどん生まれている。最も有名なものに、恋人が自分への返事を一切しなくなり、アカウントをブロックするなど、デジタル上でつながれなくして消えてしまう“ghosting《ゴースティング》”がある。さらに、実際にデートしたりコミットをするつもりがなくてもたびたび気があるようなメッセージをしたり、完全に消えることなく会話を図太く続けることで自己肯定感を保ち、暇つぶしのように他人を利用する自分勝手な行為は“breadcrumbing《ブレッドクラミング》”と呼ばれる。Z世代を中心に、新たにメインストリーム化しつつある手法に“hardballing《ハードボーリング》”が挙げられる。hardballingとは、ふわふわとした曖昧なスモールトークを交わすのではなく、マッチしてからすぐに、または1回目のデートの段階で、相手が求める関係性や恋愛観に関して、透明性を求めることだ。結婚や子供、キャリアなどの未来予想図について、最初から正直に共有し合うことで「時間の無駄」になるような無意味なやりとりを減らそう、という意図が反映されている。[*2]

今年3月に発表された「Tinder の Future of Dating レポートでは、「今後、デートの相手はより正直で信頼できる人になる」という予測が1位だった。（中略）この秋、アプリ「Coffee Meets Bagel」が1000人以上の米国ユーザーを対象に行った最近の調査では、79％が、パンデミック前よりもマッチング相手にオープンで正直になったと感じていると回答した。[*3]（拙訳、以下同）

デートを重ね、お互いのことをよく知った上で恋愛関係に至る交際スタイルとは対照的に、相手のことを熟知せず、コミットしないまま肉体的な関係を一度限り（または複数回）持つことが一般的になりつつある現象は「フックアップ・カルチャー」と呼ばれる。Z世代のすぐ上のミレニアル世代は、その前のX世代やブーマー世代の保守的な恋愛観から解放され、カジュアルなセックスが「普通なもの」として社会的に受け入れられる文化を生み出した。フックアップ専用のマッチングアプリが作られたり、大学キャンパスでのパーティーや寮におけるフックアップが当たり前のこととなっている。女性にとっての性の解放が大きな要因となっているとは言え、やはりフックアップは飲酒の場において発生することがほとんどだ。カジュアルなセックスがしやすくなったことによって本当に女性がエンパワーされているのか、そしてレイプとの境界線はどこにあるのか、さらにはフックアップ文化が「ノーマル」になることによって性的な行為に不安を抱いていても断りにくいプレッシャーを感じるのではないかなど、ネガティブな側面も当然ながら存在する。

出会い系アプリは、もちろん危険性がないわけではない。Z世代より上の世代は"stranger danger（見知らぬ人は危険）"というフレーズを言い聞かせられてきたため、ティーンや20代の若者がネット上で知り合った他人と気軽に会うことは、大人たちにとって想像を絶するような危険な行為に見えるだろう。２０２２年２月にNetflixで公開された、出会い系アプリを使って複数の女性と出会い、彼女たちの名前でローンを組み、借金を背負わせた男性を描いた「Tinder詐欺師：恋愛は大金を生む」が話題になっているが、*4 そこで描かれているほどの過激な詐欺師でなくとも、プロフィールを偽ったり暴力を振るったりと、マッチングアプリを利用しているのは善人ばかりではない。このような弊害も存在する中で、Z世代がジェンダー・セクシュアリティ等のアイデンティティにおいて多様化していることにより、フックアップ文化の存在意義も変化しつつある。

社会における価値観が多様化していく中で、ジェンダーやセクシュアリティは常に流動的であり、自由かつ幅広いアイデンティティを自分で取捨選択することができると考えるようになり、自分と向き合う時間とツールを手に入れたZ世代は、自分たちのジェンダー・セクシュアリティをより深く知るために「実験」をする場を求めている。つまり、カジュアルなセックスがタブー視されず、相手とのコミュニケーションをしっかりと行った上であればお互いにとって自己肯定感などのニーズを満たすことができるフックアップ・カルチャーは、アイデンティティを探求したいZ世代にとって便利な文化なのだ。[*5] 様々な性別や属性の人たちとの体の相性を試し、経験を重ねることで自分についてもより深く知ることができると感じているZ世代もいれば、TikTok上で同世代のカミングアウトや「共感できるストーリー」を聞くことで自分のアイデンティティと共鳴するものを探し出すZ世代もいる。

フックアップ・カルチャーの普及によって、「古き良きデート文化」が稀有なものになってしまっていることも事実だ。お互いへのコミットメントや関係性に対して熱意を注ぎ込むこと、さらには喧嘩やすれ違いが発生した時に向き合って解決することなど、精神的な労力と親密さ、そして時間的な束縛を避けたいZ世代は、旧来的な

「リレーションシップ」をどのように構築したら良いのかわからなくなってしまう。「今時の若者はデートで手を繋ぐよりも先にセックスをしている」と呆れる大人も多いが、根本的には相手、そして自分を傷つけたくないがために ghosting してしまったり、コミットメントを避けてしまう。不安定な世の中で生活するだけでも大変なのに、全くコントロールの利かない、予測不可能な変数でしかない「他人」と真剣な恋愛関係に至るのは、ハードルが高いものなのだ。

Z世代はコミットメントが苦手であるという認識が広まりつつあるが、同時にメンタルヘルスやセルフケアなどの文脈が「デート文化」に浸透しているのも非常にZ世代らしい特徴だ。メンタルヘルスやセラピーに関する情報がインターネット上で見つかりやすくなった上に、SNS上でインフルエンサーやセレブリティたちがその重要性について投稿したり、「SNS映え」するようなオシャレなインフォグラフィックが拡散されたり、精神状態について語り合うことは決してタブーなことではなくなりつつある。

(Hinge の人間関係学ディレクターであるローガン・)ユリー氏は、2022

年にはデートの相手にとってメンタルヘルスがますます重要になると予測している。今年11月に８０００人以上のユーザーから集めた統計によると、Hinge ユーザーの実に91％が、セラピーに通っている人と付き合いたいと考えているそうだ。それよりやや少ない89％の人は、1回目のデートでセラピーについて言及した相手と2回目のデートをする可能性が高いという。[*6]

そういった結果、例えば自分の愛着行動は「不安型愛着スタイル」であると分析するなど、自分の精神的な傾向や恋愛経験におけるトラウマと向き合い、言語化することで、より相手へのアクセスが簡単になった。見た目がタイプだったり趣味が合うことだけを恋愛相手の条件に掲げるのではなく、どのようなコミュニケーションスタイルなのか、過去のトラウマとどのように向き合っているのか、さらにはセラピーに通っているかなど、メンタルヘルス面に関しても総合的にジャッジするようになってきている。

Z世代は不安定な世界を生きているがために、まずは自分の生活を安定させるまでは結婚のことも考えられない状態にある。だから、永続的な一人の相手ではなく、その時期その時期に合った人とたくさん付き合っていくのだ。学生ローンや就職など、老後の貯金よりも明日の家賃や生活費などの方が遥かに身に迫った課題であり、結婚して子供を産み、共働きせずとも子供を大学まで行かせることは、現在のアメリカの経済状況ではとても簡単なことではない。

ブーマー世代にとって、家庭を築くことや家を購入することは「大人の階段」としてごく当たり前のステップだったかもしれないが、Z世代たちは、そもそも環境問題によって数十年後には地球上では生活できないかもしれないと考えながら、常に漠然とした不安と希望の少ない世の中で生きなければならないのだ。現実主義的であるZ世代は、気候変動などがより深刻化し、コロナウィルスや政治・経済不安などが次々と発生する中で、自分の人生を安定させ、自分が満足できる生活を確保することに集中したいと考えている。

このような恋愛に対する価値観の変化は、Z世代特有のものなのか、それともパンデミックに伴う大きな社会的価値観のシフトによって必然的に起きたものなのか、今は結論づけることは不可能だ。しかし不安定な毎日を生き抜く中で「人生にとって本質的なものが何なのか」という問題と向き合い、「自分は一体何者なのか」と問い続けていくうちに、今までの世代が考えもしなかったような恋愛、さらには「人間にとっての愛の存在」の再検討に到ることは間違いなさそうだ。

＊1 Samantha Schmidt, "1 in 6 Gen Z adults are LGBT. And this number could continue to grow." The Washington Post, February 24, 2021
https://www.washingtonpost.com/dc-md-va/2021/02/24/gen-z-lgbt/

＊2 Brittany Wong, "'Hardballing' Is The First Dating Trend We've Heard About That Doesn't Suck" HUFFPOST, January 18, 2022
https://www.huffingtonpost.co.uk/entry/why-hardballing-dating-is-good-idea_uk_61e55709e4b01f707da5ed66

＊3 Anna Iovine, "Dating is about to see a historic shift" Mashable, December 24, 2021
https://mashable.com/article/dating-predictions-vr-dates-voice-notes-mental-health

＊4 Adrian Horton, "The Tinder Swindler fallout shows the dark side of Netflix fame" The Guardian, February 18, 2022
https://www.theguardian.com/tv-and-radio/2022/feb/18/the-tinder-swindler-simon-leviev-neflix-fame

＊5 Lance Langel, "How Gen Z uses sex as a tool for self-discovery, and other views on hookup culture" Very good light, April 27, 2021
https://www.verygoodlight.com/2021/04/27/gen-z-hookup-culture

＊6　同＊3

✦第12章✦

私にとっての世代論
——すべての世代が連帯し、未来を向くには

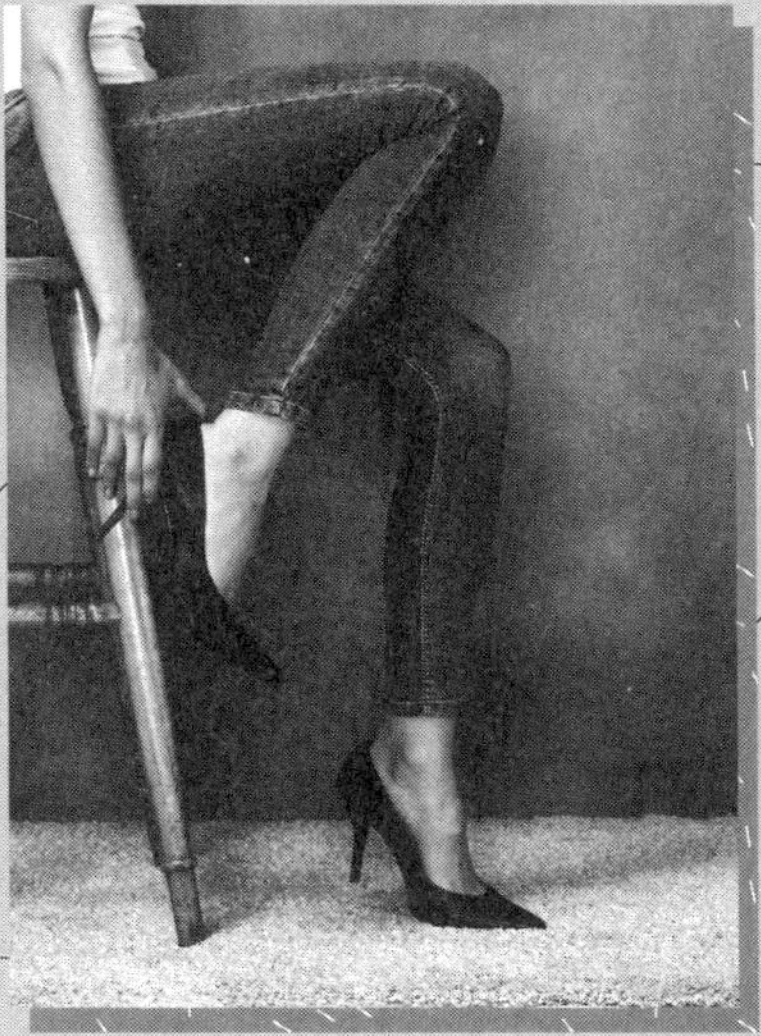

"cheugy" なミレニアル世代の象徴的アイテム、スキニージーンズ。
Photo:Getty Images

いまアメリカでは、Z世代とミレニアル世代の関係に革命が起きている。

長い間「若者」といえばミレニアル世代だったが、近年、突如としてZ世代が「新しい世代」として存在感を示し始めている。ここまで書いてきた通り、ブーマー世代対ミレニアル世代の世代間論争の流れの延長で、最近はZ世代対ミレニアル世代の違いについても議論されることが増えている。ミレニアル世代やZ世代に対するステレオタイプがメディアやSNSによって強化されていく中で、本当に世代間の違いは存在するのか、その違いはどのような社会的要素によって形成されているのか、前の世代のどのような文化に影響を受けているのか、考えてみたい。文化的な、そして社会的な背景を考えると、見えてくるものは多い。

このところ、"cheugy"という言葉を中心に、「Z世代がミレニアル世代のことを馬鹿にしている」という議論がSNS上で活発になっている。日本ではまだあまり知られていない言葉だが、主にTikTokでZ世代がミレニアル世代の服装（スキニージーンズ）や髪型（横分け）、絵文字（泣き笑いの絵文字）の使い方などを小馬鹿にしたことに対して、多くのミレニアル世代が過剰反応し、「Z世代たちに我々はキャンセルされない」といった反発を投稿したことがきっかけになった。さらにニュースサイト等がこの現象を「世代間の戦争」と名付け、ことが大きくなったのだ。

端的に説明するならば、cheugyとは「トレンディの反対」という意味で、ひと昔前に流行っていたが、もはやクールではないファッションやトレンドのことや、そのような時代遅れのトレンドを追いかけている人のことを指す。例えば「ワインが大好き」と書かれたグッズやパンプキンスパイス味のもの、“Live, Laugh, Love”のようにインスピレーショナル（かつありきたり）なフレーズが書かれた雑貨、ハリー・ポッターの熱烈ファン、'90年代を美化したミーム、アボカドトーストの過度な摂取、ディズニー好きの大人、などがcheugyであると形容されがちだ。The New York Timesの定義によると、「頑張りすぎている人」や「流行に疎い人」を表し、趣味や個性がメインストリームでつまらない“basic”な人とはまた異なるという。[*1] “basic”がいわゆる「量産型」を表すならば、日本語でいう「ダサい」がcheugyに最も近いと言えるだろう。

スラングやSNS用語の定義を載せている辞書サイトUrban Dictionaryによると、cheugyという言葉は少なくとも2018年からインターネット上で使われているそうだ。しかし2021年3月30日にTikTokユーザーのHallie Cainがcheugyの定義についてまとめた動画を投稿してから、突如としてよく知られた言葉になった。Cainの定義によると、「いかにもミレニアル世代的なものやガールボスっぽいもの」がcheugyだと言い、そのバズった動画をThe New York TimesやVice等の大手メディアが取り上げたことで一躍広まった。「若者たちがミレニアル世代たちを揶揄している」ことに注目が集まり、「世代間戦争が勃発している」とまで言われたが、実際にはミレニアル世代が自分たちの間で〝cheugy〟とは何かについて議論したり、「自分たちはZ世代に攻撃されている」と擁護している投稿が多くを占めているのだ。

ミレニアル世代は「ダサい」？

ブーマー世代から〝snowflake（何にでも過剰反応する繊細な人）〟と呼ばれてきたミレニアル世代は、他の世代から揶揄されることにうんざりしているのだろう。この

cheugy論争に対して自虐的になって一緒に笑う人もいれば、真剣に怒りを表明した人もいた。下の世代にジョークの対象にされることがここまでセンセーショナルに取り上げられたことにはさまざまな要因があるが、中でも「ミレニアル世代は過剰反応する」というステレオタイプがそのイメージを強化していること、そして実際にミレニアル世代が「若者」としてのアイデンティティを失いつつあることに焦りを感じていることが大きいだろう。アメリカのミレニアル世代の扱われ方は、日本における「ゆとり世代」の扱われ方と最も近いように思える。上の世代から永遠に子供扱いされたり、ネガティブなことばかり言われたりしているために、過度に防御的になってしまうのだろう。

しかし、私の目には、Z世代はこのcheugyという言葉を使って、ある物を好きなミレニアル世代を嘲笑しているのではなく、特定のトレンドやファッションスタイルについて「ダサい」と意見表明しているように見えた。実際、多くのZ世代に聞いても、ミレニアル世代のことを心の底からダサいと思っている人は少ないだろう。

ではなぜ、一部のミレニアル世代は自ら“cheugy”という新しい言葉に執着し、お互いのことを“cheugs”と呼び合うほど自分たちのカルチャーと紐づけたがるのだろうか。自分たちのことを自虐的にジョークとして扱ってでも「若者の会話」に入りたいと思っていること、またコロナ禍で加速したインターネット上でのエコーチェンバー的な論争に巻き込まれすぎていることが理由だと考えられている。そしてそのこと自体が、ミレニアル世代の傾向をよく表しているのだ。

「ミレニアル世代とZ世代の世代間戦争」の終着点は、多くの場合「ミレニアル世代はZ世代の意見を気にしすぎだ」という結論に至る。Z世代に少しいじられただけで、ネット上での膨大な議論へと発展してしまうその状況自体が、ミレニアル世代が「若者でなくなる」ことへの不安を表しているのではないだろうかという意見が、『The Washington Post』の記事で述べられていた。[*2]

Z世代がアメリカで最も影響力を発揮する世代になる前の約10年間ほどは、ミレニアル世代こそが「若者」として社会的影響力を持ち、「イケて」いたのだ。頭が硬くて保守的なブーマー世代のことを嘲笑し、ミレニアル特有の新しくて「クールな」カルチャーを築き、「大人が共感できない若者たち」の地位を確立していた。しかし、ミレニアル世代も最も年上で40代に突入し、〝geriatric millennials（高齢ミレニアル）〟と呼ばれる細かい世代分けまで誕生している。世間やメディアからはいまだに「ミレニアル世代は地に足がついていない、フラフラしている若者」というレッテルを貼られがちだが、一昔前の「ティーンのミレニアル世代」のイメージは、完全にZ

世代のイメージに置き換わっている。今は、資本主義的で形ばかりのアクティビズムを掲揚するミレニアル世代のことを嘲笑し、より本質的な政治性を求めるZ世代の声の方が大きくなっている。

「莫大な学生ローンを抱え、不動産を買えなくて、家庭を持つモチベーションもない、かわいそうなミレニアル世代」というステレオタイプを内包してしまった結果、開き直って「大人でもディズニーが好きで何がいけない」「大人だけどピンクやミニオンが大好き」といった、ある種の幼児退行のようなユーモアもミレニアル世代の間で広がった。しかしそれも束の間、「大人が子供みたいに現実逃避しててみっともない」と、Z世代に指摘され始めているのだ。今時の若者、というフレーズがミレニアル世代を指さなくなった今、どのようにしてアイデンティティを形成していったらいいのか、どのようにZ世代と接触していけばいいのか、特にメディアが率先して世代間の違いを強調している状況の中では、模索することは簡単ではない。

だからこそ、分断よりも連帯を求める動きも増えている。ミレニアル世代自らが資本主義的なガールボスカルチャーをアップデートしようという考えや、よりインターセクショナルで、かつ多様性やメンタルヘルスに考慮した職場環境や文化を作っていくべきだ、という主張も多く見られる。次世代に気候変動や差別の問題を引き継がせるのではなく、社会の中で「大人」としての経験と影響力を得たミレニアル世代こそが、Z世代の声を聞き入れ、現実的な変化を起こせるのだ。そして、ミレニアル世代のことを揶揄するZ世代も、実は「大人としてしっかりしてほしい」というのが本音なのではないだろうか。誰かの承認のために頑張りすぎること、「自分らしさ」が欠如したフェイクな態度こそが、「オーセンティックさ」を求めるZ世代にとって、耐え難いものなのだ。

VOGUEの指摘によると、"cheugy"がここまでネット上で注目を集めているのは、ミレニアル世代特有の消費者主義的なマーケティングを体現しているからだという。[*3] ハイブランドの服を着ることがステータスで、ちょっとおしゃれなアボカドトーストをルーティンのように食べ、スキンケア等のセルフケアグッズにたくさんのお金を落とし、「みんなと同じ」でありながら「ちょっとかっこいいこと」を求める、そのミレニアル世代の同質性こそがZ世代との大きな違いだとされている。

Instagramによってティーンから20代にかけてを形成されたミレニアル世代と、TikTokをメインのインプットとして用いているZ世代の大きな違いは、「より多くの人に気に入られたいと思う」か「思わない」かだという。脱・承認欲求の世代とも言えるような、不特定多数に好かれるよりも、一部のニッチなコミュニティと連帯して相互理解を深めたい、というのがZ世代の傾向だとされている。だからこそ社会的ヒエラルキーの中での上昇志向を中心としたガールボスカルチャーには共感できないし、既存の仕組みの中で生き残ろうという資本主義的な生存戦略から、自分たちにとって大切なコミュニティを守るために本質的な活動をしようという現実主義へと移行しているのだ。

また、多くのcheugyに関する議論が「安っぽいもの」や「若い女性」を中心にしてなされているため、ミソジニーや階級差別も影響しているのではないか、という懸念もある。しかし一方で「男性特有のcheugyなトレンド」というTikTok動画も多数存在するし、例えばグッチのロゴ付きベルトのように高価なものもcheugyとされていることから、単に「ダサい」という形容詞を入手した若者たちが言いたい放題にやっている、というふうにも受け取られている。

世代間論争の愚かさ

これまでどの世代においても、自分より上の世代を批判したり嘲笑したりすることが繰り返されてきた。しかし、Z世代は子供の頃からスマホやSNSが身近にあって使いこなしてきたため、大人たちに対して直接「対抗」できるようになった、という変化は確かに大きいだろう。だからこそ、社会問題に対して、大人たちが自分たちのために行動してくれないどころか、問題の尻拭いをさせようとしていることへの絶望が大きいのだ。

よって、Z世代がミレニアル世代のスキニーデニムや髪の横分けをキャンセルしようとしている、という言説は極めて無意味なのだ。ファッショントレンドは常に移り変わるし、若者にはいつの時代だって大人たちのことを小馬鹿にしたい欲求がある。ミレニアル世代にとっては「時代遅れ」とレッテルを貼られることは遺憾かもしれないが、それも「大人」としての宿命なのかもしれない。ダークなユーモアやシニシズムを好むZ世代の揶揄に対して、相手は「子供」なのに真面目に反論するミレニアル世代の姿は、それこそがcheugyに感じられるし、世代間論争の愚かさを浮き彫りにしてしまう。

本当に議論が必要なのは、ミレニアル世代対ブーマー世代の確執である。労働環境を劣悪にし、若者や弱者を搾取し、自分たちばかりが社会的地位を確立していったブーマー世代の影響力に対抗できるのは、ミレニアル世代とZ世代が手を組んだシナリオのみだ。そして、大人たちが理解しなければならないことは、Z世代は中学生から社会人まで多種多様であり、常に自己のアイデンティティを探究し続けている若者であるということ。Z世代のイデオロギーは常に変化しているからこそ、新しく感じられるのだ。事実をありのままに語ることを恐れないからこそ、ミレニアル世代の失敗や「ダサさ」についても辛辣に評価するし、社会のより良い変化についても遠慮せずに求め続ける。その切実さに共感し、突き動かされることができれば、「年寄りだと馬鹿にされている」と感じるミレニアル世代たちも、連帯を見つけられるかもしれない。

Z世代とミレニアル世代は、本当はそんなに大きく変わらない。全国統計においても、ブーマー世代と比較して、Z世代とミレニアル世代は環境問題や人種問題などについて似通った価値観を抱いている。[*4] 例えば私自身もミレニアル世代とZ世代のちょうど中間地点にいる「ジレニアル世代」だが、ミレニアル世代の'90年代に対するノスタルジアには共感できないし、今のティーンの文化に関しても知らないことは多い。人種も価値観も多様化するZ世代と、大きな変化を連続的に体験してきたミレニアル世代、どちらにも共通しているのは社会に対する疲れと絶望だ。新たなセンセーションを生み出すために世代間の違いを炙り出そうとするメディアによって分断されることなく、「大人たちによって絶望させられている世代」という共通点を見出し、さらに自らの世代の長所や短所を感情的になることなく客観的に分析できるようになれば、きっと世代間の連帯も実現できるだろう。

価値観が多様で、流動的で、そして矛盾しているのがZ世代。たくさんの社会問題と向き合いながらも、ファストファッションを買ったり、ヴィーガンではなかったり、決して完璧ではない。矛盾を抱えていて、常に自問自答し、「生きづらさ」と「罪悪感」を感じて生きている。この感覚こそが、「自分たちはいつでも学んで改善できる」という姿勢につながっているのだ。さらにいえば自分自身が間違う可能性や矛盾を抱えながらも、それを自覚して学んでいこうという姿勢は年齢や世代を問わず重要なのであり、逆にZ世代を消費して、資本主義に回収しようとするのはZ世代的な価値観と相容れない。「Z世代は○○」と、わかりやすい切り口で世代ごと括ることこそ表面的であり、Z世代的な価値観を学びたいのであれば、その本質を当事者から導き出し、世代を超えて連帯する必要がある。

ミレニアル世代もX世代もブーマー世代も、Z世代と同じように、環境問題について変化を起こしたいと思っているし、理不尽な性差別やジェンダーロールに悩んでいる人も多い。つまり「Z世代的価値観」を年代問わず本来ならば共有できるはずなのだ。上の世代が「若い子を応援したい」という気持ちでZ世代に「代弁」をさせる社会ではなく、「過去の自分にあげられなかった社会をつくりたい」と、いち当事者として考えてはじめて社会の「変化」が生まれるのではないだろうか。誰もが同じ社会で生きている以上、どんな社会問題であっても、最終的には自分にも戻ってくるのだから。

＊1　Taylor Lorenz, “What Is ‘Cheugy’? You Know It When You See It.” The New York Times, April 29, 2021
https://www.nytimes.com/2021/04/29/style/cheugy.html

＊2　Christine Emba, “Yes, you’re cheugy. But it’s fine!” The Washington Post, May 16, 2021
https://www.washingtonpost.com/opinions/2021/05/16/millennials-cheugy-obsession-gen-z/

＊3　Julia Hobbs, “What Does Cheugy Style Really Mean?” VOGUE, June 4, 2021 https://www.vogue.co.uk/fashion/article/cheugy-style

＊4 Erin Carson, "How Gen Z harnessed the internet and destroyed the generation wars" cnet, June 11, 2021
https://www.cnet.com/culture/how-gen-z-harnessed-the-internet-and-destroyed-the-generation-wars/

母国語が日本語ではなく、社会学の専門家でもなく、文筆の歴も浅い私にTwitterのDMで声をかけ、寄稿をするチャンスを与えてくれた『群像』には感謝しかありません。芥川賞受賞者や名門大学教授など錚々たる連載陣に自分の名前が並んでいるところを毎月眺めながら、そして日本からは遥かに遠いカリフォルニアの地から「光栄」と「実感のなさ」を交えながら、せっせと毎月の連載の原稿を書き、それがついにまとまってこの本となりました。

アメリカの若者たちに関する情報をシェアするたびに興味を持ってくれて、稚拙な文章も見事に昇華させてくれる担当編集者たちのおかげで連載を続けられています。この連載は自分にとって何よりも勉強の機会であり、何度も挫折しそうになりながらも「今の自分にしか書けないこと、発信できないこと」を呪文のように唱えながら書き続けています。この文章が誰かに届いていること、そして読んだ人にとってなんらかの希望や「世界が広がるきっかけ」になれば、書いた意味があると信じています。

最初にTwitterで発見してくれてこの仕事に導き、父親のように見守ってくれている音楽プロデューサー、ＤＪのstarRoさん、人生を共に歩み、世界の誰より私を理解し無償の愛を共有してくれるアーティストのSIRUP、私の音楽への愛と個性に価値を見出し、人間としてもエージェントとしても大事に育ててくれたアーティスト仲間やスタッフのみんな、日本の雑誌が大好きで、ファッションやポップカルチャーが大好きで、「いつか自分も載りたい」と思っていた夢の雑誌・メディアに寄稿の機会を与えてくれる編集者のみなさま、Twitterやメディアでの私の発信を楽しみにしてくれているフォロワーのみなさま、そしてこの本を手にとって、読んでくれたあなた。

私の人生に幸せを与えてくれて、そして一つの夢を叶えてくれて、本当にありがとうございます。

絶望の世界に生きながらも、
未来が楽しみです。

2022年10月　竹田ダニエル

文庫版あとがき

今や日本でも「Z世代」という言葉は間違いなくバズワードとして扱われているが、連載当初は、「Z世代とは何か?」という地点からスタートする必要があった。『群像』最年少の連載執筆者として、実績ある多くの学者や作家と肩を並べることに非常に緊張しながら毎月テーマを考え、アメリカとZ世代と自分の常に移り行く「今」を連載に詰め込んだことを思い出す。本書では、「Z世代」を理解するために必須となる大まかなテーマを毎月選び、Z世代がその価値観や考えに至るまでの過程を細かく描く必要があり、まだ(第二言語である)日本語で執筆をはじめたばかりの自分にとって、それはとても大きなチャレンジだった。

そして本書がきっかけとなり、私はたくさんの出会いに恵まれ、ありがたいことにたくさんの機会もいただいた。アメリカのZ世代の当事者として登壇や解説を依頼されたり、ポップカルチャーに関する仕事の幅も大きく広がった。一方で、「Z世代の代表・代弁者」と言われることが多くなり、そのことに対する違和感も増した。なぜなら私が記録し、書いていることはZ世代の「多様性」や「変化」についてであり、自分が何かしらの代表や代弁者と名乗るつもりは一切無いからだ。

どの世代にとっても代表的なトレンドや社会現象は存在し、同時にどの世代も多面的で簡単に年代で区切れるものではない。そして現在の連載で注目して書いている「インターネット」や「ＳＮＳ」をキーワードとして捉えるならば、さらに属性やアイデンティティは流動的なものとなることがわかるだろう。本書で提示したかったのは、まさにその多面性や時代の変化とともに移り変わる価値観と、それによって生まれる「ニューノーマル」としての文化だ。

世界も、自分の未来も不安ばかりだった頃に書いたこの本が今でも読まれ続け、こうして文庫となってより多くの方々の手に渡っていることは、正直に言うととても不思議なことに感じる。同時に、そんな手探りの中で必死に見つけた、自分なりの「希望」を描いた本でもある。だからこそ、予測不可能な世の中でこの本を手に取ってくれたあなたにとって、本書が少しでも絶望の中に寄り添う存在になれたら、と思う。

解説

佐久間裕美子

今、Z世代は、この社会でもっとも大きい人口のブロックであり、もっともパワフルで活発な消費者層、そして誰よりも映画や音楽を摂取する最大のオーディエンス層である。生まれた時からそこにインターネットがあり、物理的な世界にある境界や制限がない、常に接続されたデジタル世界をネイティブとして駆け回ってきた。Z世代が何を望み、どういう夢を見て、デジタル行動をするのか、何に心を震わせたり、スクロールの手を止めたりするのかが、今の社会の文化の大きな一翼を担っている。だから大人たちは、大企業は、テック業界は、エスタブリッシュメントは、政治は、Z世代の心を、関心を射止めようと必死である。

そもそも世代とは、不思議な概念である。何十億と存在する人間を、十五年程度の時間軸で、ざっくり六つのグループに分ける。沈黙の世代、ベビーブーマー、X世代、ミレニアル、Z世代ときて、二〇一三年以降に生まれた人たちをアルファという。ひとりひとりの人間は、このうえなく違うけれど、同じ時間軸の中で、似たような道具のセットを与えられ、似たような風景を目にしてきた人間たちには、世代特有の精神性、そしてそこに通底するエッセンスがある。世代は、ある時代に生まれた人たちの嗜好や思考を理解するために利用されるが、マーケティングや人事の専門家によって観察や分析のついで行われることが多い。しかし、そこには集まったデータから突出した特徴をまとめるタイプの考察では拾うことのできない多様性やニュアンスがある。

竹田ダニエルさんは、アメリカ育ちのZ世代として、日本文化を観察蓄積してきた知識とデジタルネイティブとしての言語能力を活かして、今の時代に起きるさまざまな事象を、世代が置かれている条件や、それによってできてきた価値観、また当事者たちの間の多様性を加味しながら解説してくれる稀有《けう》な存在である。竹田さんは、「Z世代」を単なる世代ではなく、選択可能な価値観と解釈するが、それは一九九七、八年前後から二〇一二年前後に、さまざまな土地や文化に生まれ、幼き頃から持たされたデジタルのスクリーンを介して自己との、また他者との関係を築き、大きな時代の流れを目撃し、文化を取捨選択し、咀嚼《そしやく》しながら、それぞれの自分というミクロレベルの人生を生きる無数の人たちの体験、感覚や感情によって集合的にできてきたものだ。

友人知人の子どもたちから仕事や活動で協業する人たちまで、私の人生にはたくさんのZ世代がいる。自分が物理的に存在する現実と並行して、常にバーチャルの世界があって、ソーシャル上のアイデンティティや目線を意識しながら生きてきたからだろうか、自分が何者であるかをシビアに見つめている。特にジェンダーやセクシュアリティについて、固定観念に縛られず、精神の葛藤や感情をオープンに表現し、大人たちや社会の欺瞞《ぎまん》を追及する。私の目に入ってくる彼らの行動は正直かつまっすぐで、勇気があり、時として大胆だ。システムの設定自体に疑問を投げかけるために裁判を起こしたり、反対の意を表明するために路上に座り込んだり、政府に呼びかけるためにSNSを駆使して圧力をかけたりする。X世代の一人として、若者たちの活動を頼もしく見つめる一方で、自分たちの世代や大人全般に対しては不甲斐《ふがい》なさを感じている。

一九七三年に生まれた私は、竹田さんがカリフォルニアの地に生まれた一九九七年頃、二十四歳だった。戦後をがむしゃらに働くことで生き抜いたベビーブーマーを親に持つ私たちX世代（一九六五年前後から一九八〇年頃まで生まれ）は、物質的に豊かになった時代を漫然と生き、やる気がなく、努力が嫌いで、体制に反抗的だと言われていた。自分たちが若者だった時代と、今の世相には共通項もあるし、親世代にあたることもあって、Z世代へのシンパシーは強い。

　アメリカで一九九四年に、日本では一九九四年にリリースされた「リアリティ・バイツ」という映画がある。ドキュメンタリーの映画監督として自分の作品を作るという目標と自分の現実の乖離《かいり》に葛藤する主人公のリレイナ（ウィノナ・ライダー）は、自分の世代の友人たちの卒業後の人生をカメラにおさめ、作品にしようとしている。年上のテレビ局のプロデューサーと知り合い、主役のリレイナが付き合い始めるうちに、自分の作品を取り上げられる機会に恵まれるが、それは表現者として妥協を呑《の》み込むことでもある。リレイナの物語と並行して、ショップの店員の仕事に情熱を持とうとし、セックスをした相手がＨＩＶ陽性だとわかり、自身の感染の可能性に直面するヴィッキーや、自分のセクシュアリティをカミングアウトするか、決断の局面にいるサムの物語が展開していく。年上のほうのX世代だったベン・スティラーが監督を務め、大人たちから非現実的なドリーマーと見られていたX世代を、本人たちに近い目線で描いた映画だった。

　私自身、確かに努力は嫌いだったし、体制に反抗的だった。「産めよ増やせよ」の奨励に素直に従ったベビーブーマーの親のもとに生まれ、どこにいってもわんさかいる同じ年の子どもとの競争に揉《も》まれて育ったが、国が豊かになるのに貢献した親たち世代と同じようには生きられないと感じていた。中高時代に目撃したバブル経済が目の前で泡と消え、高校時代にすぐ上で進行していた女子大生ブームは、自分たちが大学生になる頃にはコギャルブームにスライドしていた。苛烈《かれつ》な競争を乗り越えて入った大学のカフェテリアのテーブルに、のちにオウム真理教になるヨガのサークルのフライヤーがあった。自己啓発風に色付けされたカルトや、怪しげなサークル活動が世の中に溢《あふ》れていた。仕事を得る活動をする段になったら「就職超氷河期」が始まっていて、新卒のために用意される職の数と、職を求める新卒の学生の数に大きな乖離があり、希望の職どころか、職があるだけありがたく思えという空気が漂っていたが、そういうこと自体に「やってられっか」と思っていた。みんなと同じスーツを着て横に並べられた時に自分には何もないという自覚、アメリカのポップカルチャーに近づきたい、研究を生業《なりわい》にしてのんびり生きたいといったよこしまな気持ちと、政治学の勉強を追究して実力を試したいというやる気によって、家族や指導教授のサポートのもと、私がアメリカに渡ったのは一九九六年だった。

竹田さんが生まれた時代のアメリカを振り返って思い出すのは、奇妙な世紀末感である。世の中を制御するコンピュータシステムは、年号の下二桁で認識されている、だから一九九九年十二月三十一日から二〇〇〇年の元旦に変わる時にバグる可能性が高い、大混乱が起きるかもしれない、なんなら世界が終わるんじゃないかというようなことが、面白半分、ジョーク半分、どこへいっても話題になっていた。現実感があったかといえばそうでもなかったが、大騒ぎが起きても不思議のないような気もした。何より、若者としては、「世界が終わるかもしれないから遊ぶ」が正しい反応だと思っていた。「勉強は明日でいいかな、どうせ世界が終わるかもしれないし」、「パーティしちゃおうかな、どうせ世界はいつか終わるしね」というように。私の世代は、日本では、しらけた態度が理解不可能な「新人類」と呼ばれ、こんな世の中でどんなやる気を出せばいいのか、と本気で思っていたし、幸せな未来図を描けずに刹那《せつな》的な気持ちで生きていた。

学部時代にそれぞれ数週間ずつ滞在した西海岸の大学と比べて、私が進学した東海岸の大学は、今思うと、アメリカ社会の縮図のような場所だった。低賃金で働かされる上に、限られた社会保障しか与えられないスタッフや大学院生が労働争議を起こし、ストライキが起きたりもしていた。実際の学問より、エリート大学における人種多様性の欠如や、横行するセクシャルハラスメントやアカデミックハラスメント、営利機関である学府による周辺コミュニティの抑圧や搾取《さくしゅ》が、私の世界観に与えた影響は格段に大きかった。大学に馴染《なじ》めないと感じていたから、学生たちがあまり行かない街のバーやカフェに行くようになった。そうした場所には、アナキズムやマルキシズムへの信奉を示唆するシンボルや文字が溢れていた。全米中の大学にロゴ入りの衣類やスポーツグッズを供給する大ブランドが、劣悪な労働環境で、時には子どもたちを働かせる工場に仕事を与えていることに対する抗議運動が行われていた。人間たちが出すガスによってオゾン層が破壊され、地球の温暖化が進んでいるのだと警告されたことを覚えている。

卒業して社会に出た後、恐れられていた二〇〇〇年はあっさりやってきたが、世界が終わらないどころか、大した問題も起きなかった。けれど、自分がニューヨークで働き始めて四年目の二〇〇一年、世界貿易センターをはじめとする複数の場所が攻撃される同時多発テロが起きた。あの事件はすべてを変えた。反スエットショップ運動や、温暖化を食い止めようとするムーブメントをはじめ、多くの社会運動が、反テロ戦争の波に押し流されてしまった。アメリカに戦争を仕掛けたイスラム教原理主義者のテロリストを追いかけるという大義のためなら、いきなり法的な根拠もなく荷物の検査をしたり、無関係の人たちを勾留したり、拷問をしたり、緩やかな人間関係を理由に共犯にしたりすることが許されるようになった。メインストリームの人々の懸念は、人権よりも安全になり、たくさんの人々の生活が脅かされた。多くのイスラム教徒や中東出身の友たちは、こうした扱いを受けることに怯《おび》え、頭を低くして生きていた。

二〇〇〇年代の終わりには、未曾有《みぞう》の不景気がやってきた。原因を作ったのは、利益を最大化するためにリスクに目をつぶった金融業界の人たちだったけれど、それによるトラブルが業界や国境を越えて連鎖的に広がっていった。いくつかの大企業が政府による救済を受けたけれど、なぜかその過程で、労働組合が「利益を圧迫してきた存在」として悪魔化され、リストラを正当化するロジックとして使われた。

二〇〇九年には、アメリカで初めての非白人大統領が誕生した。アフリカ出身の移民の子どもであり、ハワイ出身で、シングル・マザーによって育てられたバラク・オバマは、民主党の中でも中道の筋に近い政策を追求したが、彼によって任命されたリベラルの判事たちのおかげで、二〇一二年に、アメリカの最高裁が、夫婦の性に関係なく、二人の人間が結婚する権利は憲法によって保障されるとの判断を下し、同性の結婚が可能になった。一方、オバマは、多くの政策において過去の民主党大統領の路線から逸脱せずに、当時の移民法を遵守した取り締まりを続行したし、共和党からの強硬な反対にあったから、約束した医療や経済の改革、銃規制を思うほどできなかった。

アメリカのZ世代たちが育ってきたのは、こういう世の中だ。私たちが学生時代に目撃していた世界の問題は解決されていないどころか、むしろ悪化してきた。自然災害のダメージが記録を更新し続けるのに、政治はCO2を排出し続ける企業を止めることもできずにいる。そういうことの延長線上に、多くの若者たちから青春を奪い、孤独に陥れたパンデミックが起きた。うなるほどの富が存在し、どんどん増えているのに、屋根や食べ物を確保できない人たちが路上に溢れ、教育を受けられない子どもたちがいる。何人子どもが殺されようと、恐怖のどん底に突き落とされようと、銃の規制を阻もうとする人たちがいて、スクリーンの向こうで子どもたちが爆撃にあっているのに、武器の販売や資金の援助をやめようとしない人たちがいる。そしてその世界は、私たち大人たちが作ってきたのだ。

今、こういう世の中を黙って受け入れるのではなく、声を出して抵抗し、目一杯自己表現をしながら、時代を生き抜くセルフラブに向きあうZ世代に共鳴し、ずっと「おかしい」と思ってきた自分は間違ってなかったのだと思わせてもらえている。が、かつては自分のことを、「ピーターパン症候群」だと思っていた。大人になりたくない、現実を受け入れたくない、人権蹂躙《じゅうりん》に加担するくらいなら働きたくない、セクハラやパワハラに目をつぶりたくない、そういう気持ちは、青くさく、現実感のないものだと思わされてきたのだと思う。実際、何十年もの間「大人」として生きてきた中で、アンフェアだという気持ちを呑み込んだことだって何度もあった。こういう意志を持ち続けるのは簡単なことではない。私たちはこの資本主義の社会を生きていて、自分を食べさせなければいけないし、たくさんのことに支配されている。けれど、今の不甲斐ない、不条理な世の中は、大人たちが、たくさんのことを呑み込んだり、看過してきた結果である。青くさいと言われようと、お花畑と笑われようと、おかしいことはやっぱりおかしかったのだと、Z世代たちが教えてくれる。

今、現代でもっともパワフルな消費者ブロックであるZ世代と、政治や大企業のエスタブリッシュメントの間には、常に闘いから交渉までたくさんの折衝が起きている。世の中を動かそうとするZ世代と、そうはさせまいとする大人たちがせめぎあっているのだ。Z世代は、世界の多くの場所で、最大の人口ブロックとしてその力を発揮しているが、わが日本では、ちょっと事情が違う。私たちの世代から、子どもを作ろうという人が減って、少子化が起きたからだ。声を束ねて大きくすることが難しいから、交渉力が低いと考える向きもある。しかし、人数が少ないからこそ、自分たちの存在を交渉に使うことができる、とも考えられる。そして先に生きてきた私たちがZ世代の声にもっと注意を払うべきなのは、私たちは彼らを必要としているからだ。

Z世代は、大人たちが支配し、動かす存在ではない。むしろ、これからの文化を牽引し、大人たちとともに未来を作るパートナーなのだ。

マーケティングの専門家たちが書くレポートや、大人たちによる分析を読むだけでは、Z世代というひとつの世代に通底する価値観のグラデーションや、複雑に細分化する多様性を理解することはできない。竹田さんは、Z世代が生きる現実を日米それぞれの文脈から言語化することのできる希少な存在である。決して明るいとはいえない社会の現状や未来の見通しを前に、そこに存在する世代的・集合的悲哀や怒りを、時代の当事者として、また文化の観察者として理解し、そこから生まれる表現や言論の語り部として、解説してくれる。社会のプログレスを推進しようとするZ世代のドライブを共有する革命の騎士たちは、ブーマーにも、X世代にも、ミレニアルにもいる。むしろ、革命を起こそうとして、メインストリームからの支持を固められずにきたアクティビストたちが、今、Z世代のおかげで勇気を得ている。社会をよくしたいという気持ちを軸に、世代を超えて、手をつなぐことが、悪化の一途を辿ってきた世の中を転換させるための唯一の道なのだと思う。

本書は二〇二三年十一月に小社より刊行されました。

|著者| 竹田ダニエル　1997年生まれ、カリフォルニア州出身、在住。現在カリフォルニア大学バークレー校大学院在学中。「カルチャー×アイデンティティ×社会」をテーマに執筆し、リアルな発言と視点が注目されるＺ世代ライター・研究者。「音楽と社会」を結びつける活動を行い、日本と海外のアーティストを繋げるエージェントとしても活躍。2023年に「Forbes JAPAN 30 UNDER 30」を受賞。著書に『世界と私のAtoZ』(本書)、『#Ｚ世代的価値観』、『SNS時代のカルチャー革命』、『ニューワード ニューワールド 言葉をアップデートし、世界を再定義する』がある。

世界《せかい》と私《わたし》のＡtoＺ
竹田《たけだ》ダニエル

講談社文庫
定価はカバーに
表示してあります

2024年12月13日第１刷発行

発行者――篠木和久
発行所――株式会社　講談社
東京都文京区音羽2-12-21　〒112-8001
電話　出版（03）5395-3510
　　　販売（03）5395-5817
　　　業務（03）5395-3615

KODANSHA

デザイン―菊地信義
本文データ制作―講談社デジタル製作
印刷―――株式会社KPSプロダクツ
製本―――株式会社国宝社

Printed in Japan

ISBN978-4-06-537510-5

講談社文庫刊行の辞

二十一世紀の到来を目睫に望みながら、われわれはいま、人類史上かつて例を見ない巨大な転換期をむかえようとしている。

世界も、日本も、激動の予兆に対する期待とおののきを内に蔵して、未知の時代に歩み入ろうとしている。このときにあたり、創業の人野間清治の「ナショナル・エデュケイター」への志を現代に甦らせようと意図して、われわれはここに古今の文芸作品はいうまでもなく、ひろく人文・社会・自然の諸科学から東西の名著を網羅する、新しい綜合文庫の発刊を決意した。

激動の転換期はまた断絶の時代である。われわれは戦後二十五年間の出版文化のありかたへの深い反省をこめて、この断絶の時代にあえて人間的な持続を求めようとする。いたずらに浮薄な商業主義のあだ花を追い求めることなく、長期にわたって良書に生命をあたえようとつとめるところにしか、今後の出版文化の真の繁栄はあり得ないと信じるからである。

同時にわれわれはこの綜合文庫の刊行を通じて、人文・社会・自然の諸科学が、結局人間の学にほかならないことを立証しようと願っている。かつて知識とは、「汝自身を知る」ことにつきていた。現代社会の瑣末な情報の氾濫のなかから、力強い知識の源泉を掘り起し、技術文明のただなかに、生きた人間の姿を復活させること。それこそわれわれの切なる希求である。

われわれは権威に盲従せず、俗流に媚びることなく、渾然一体となって日本の「草の根」をかたちづくる若く新しい世代の人々に、心をこめてこの新しい綜合文庫をおくり届けたい。それは知識の泉であるとともに感受性のふるさとであり、もっとも有機的に組織され、社会に開かれた万人のための大学をめざしている。大方の支援と協力を衷心より切望してやまない。

一九七一年七月

野間省一

講談社文庫 ◆ 最新刊

東野圭吾
十字屋敷のピエロ〈新装版〉
東野圭吾が描き出す、圧巻の「奇妙な館」の一族劇が開幕！ あなたは真相を見破れるか。

小倉孝保
35年目のラブレター
読み書きができない僕は、妻に手紙《ラブレター》を書くために還暦を過ぎて夜間中学へ。感動の実話。

神永学
心霊探偵八雲3 完全版〈闇の先にある光〉
死者の魂を視る青年・八雲。累計７５０万部シリーズの完全版第三弾、読むなら今！

佐藤究
トライロバレット
直木賞&乱歩賞作家、衝撃の書下ろし文庫作品。しかもまさかのアメコミ？ 話題沸騰！

望月麻衣
京都船岡山アストロロジー4〈月の心と惑星回帰〉
高屋に、桜子に、柊に訪れた人生の「究極の選択」!? 星が導く大団円！〈文庫書下ろし〉

砥《と》上《がみ》裕《ひろ》將《まさ》
7・5グラムの奇跡
『線は、僕を描く』の作者が贈る、新人視能訓練士の成長を描いた心温まる1年間の物語。

真保裕一
真・慶安太平記
江戸を震撼させた計画の首謀者・由比正雪《ゆいしょうせつ》とは？ 慶安の変を新解釈で描く一大歴史巨編。

森博嗣
つむじ風のスープ〈The cream of the notes 13〉
自由で沈着な視点から生み出されたベストセラ作家１００の思索。〈文庫書下ろし〉

講談社文芸文庫

加藤典洋
新旧論
三つの「新しさ」と「古さ」の共存
解説=瀬尾育生　年譜=著者、編集部
小林秀雄、梶井基次郎、中原中也はどのような「新しさ」と「古さ」を備えて登場したのか？　昭和の文学者三人の魅力を再認識させられる著者最初期の長篇評論。
978-4-06-537661-4
かP9

高橋源一郎
ゴヂラ
解説=清水良典　年譜=若杉美智子、編集部
なぜか石神井公園で同時多発的に異変が起きる。ここにいる「おれ」たちは奇妙なものに振り回される。そして、ついに世界の秘密を知っていることに気づくのだ！
978-4-06-537554-9
たN6

講談社文庫　目録

芥川龍之介　藪の中
有吉佐和子　新装版 和宮様御留
阿刀田　高　ナポレオン狂
阿刀田　高　新装版 ブラック・ジョーク大全
安房直子　春の窓〈安房直子ファンタジー〉
相沢忠洋　「岩宿」の発見〈幻の旧石器を求めて〉
赤川次郎　偶像崇拝殺人事件
赤川次郎　人間消失殺人事件
赤川次郎　三姉妹探偵団
赤川次郎　三姉妹探偵団2〈キャンパス篇〉
赤川次郎　三姉妹探偵団3〈珠美・初恋篇〉
赤川次郎　三姉妹探偵団4〈怪奇篇〉
赤川次郎　三姉妹探偵団5〈復讐篇〉
赤川次郎　三姉妹探偵団6〈危機一髪篇〉
赤川次郎　三姉妹探偵団7〈駈け落ち篇〉
赤川次郎　三姉妹探偵団8〈人質篇〉
赤川次郎　三姉妹探偵団9〈青ひげ篇〉
赤川次郎　三姉妹探偵団10〈父恋し篇〉
赤川次郎　死が小径をやってくる〈三姉妹探偵団11〉

赤川次郎　死神のお気に入り〈三姉妹探偵団12〉
赤川次郎　次女と野獣〈三姉妹探偵団13〉
赤川次郎　心地よい悪夢〈三姉妹探偵団14〉
赤川次郎　ふるえて眠れ、三姉妹〈三姉妹探偵団15〉
赤川次郎　三姉妹、呪いの道行〈三姉妹探偵団16〉
赤川次郎　三姉妹、初めてのおつかい〈三姉妹探偵団17〉
赤川次郎　恋の花咲く三姉妹〈三姉妹探偵団18〉
赤川次郎　月もおぼろに三姉妹〈三姉妹探偵団19〉
赤川次郎　三姉妹、ふしぎな旅日記〈三姉妹探偵団20〉
赤川次郎　三姉妹、清く貧しく美しく〈三姉妹探偵団21〉
赤川次郎　三姉妹と忘れじの面影〈三姉妹探偵団22〉
赤川次郎　三姉妹、舞踏会への招待〈三姉妹探偵団23〉
赤川次郎　三人姉妹殺人事件〈三姉妹探偵団24〉
赤川次郎　三姉妹、さびしい入江の歌〈三姉妹探偵団25〉
赤川次郎　三姉妹、恋と罪の峡谷〈三姉妹探偵団26〉
赤川次郎　静かな町の夕暮に
赤川次郎　キネマの天使〈レンズの奥の殺人者〉
赤川次郎　キネマの天使〈メロドラマの日〉
新井素子　グリーン・レクイエム〈新装版〉

安能務 訳　封神演義 全三冊
安西水丸　東京美女散歩
綾辻行人　殺人方程式〈切断された死体の問題〉
綾辻行人　鳴風荘事件 殺人方程式II
綾辻行人　十角館の殺人〈新装改訂版〉
綾辻行人　水車館の殺人〈新装改訂版〉
綾辻行人　迷路館の殺人〈新装改訂版〉
綾辻行人　人形館の殺人〈新装改訂版〉
綾辻行人　時計館の殺人〈新装改訂版〉
綾辻行人　黒猫館の殺人〈新装改訂版〉
綾辻行人　暗黒館の殺人 全四冊
綾辻行人　びっくり館の殺人
綾辻行人　奇面館の殺人 (上)(下)
綾辻行人　どんどん橋、落ちた〈新装改訂版〉
綾辻行人　緋色の囁き〈新装改訂版〉
綾辻行人　暗闇の囁き〈新装改訂版〉
綾辻行人　黄昏の囁き〈新装改訂版〉
綾辻行人　人間じゃない〈完全版〉
綾辻行人ほか　7人の名探偵

講談社文庫　目録

講談社文庫　目録

青木祐子　コーチ！〈はげまし屋・立花ことりのクライアントファイル〉
秋保《あきう》水菓《すいか》　コンビニなしでは生きられない
相沢沙呼　medium《メディウム》 霊媒探偵城塚《じょうづか》翡翠《ひすい》
相沢沙呼　invert《インヴァート》 城塚翡翠倒叙集
新井見枝香　本屋の新井
碧野　圭　凛として弓を引く
碧野　圭　凛として弓を引く〈青雲篇〉
碧野　圭　凛として弓を引く〈初陣篇〉
赤松利市　東京棄民
赤松利市　風致の島
五木寛之　ソフィアの秋
五木寛之　狼のブルース
五木寛之　海峡物語
五木寛之　風花のひと
五木寛之　鳥の歌(上)(下)
五木寛之　燃える秋
五木寛之　真夜中の望遠鏡〈流されゆく日々'78〉
五木寛之　ナホトカ青春航路〈流されゆく日々'79〉
五木寛之　旅の幻燈

五木寛之　他力
五木寛之　こころの天気図
五木寛之　新装版 恋歌
五木寛之　百寺巡礼 第一巻 奈良
五木寛之　百寺巡礼 第二巻 北陸
五木寛之　百寺巡礼 第三巻 京都Ⅰ
五木寛之　百寺巡礼 第四巻 滋賀・東海
五木寛之　百寺巡礼 第五巻 関東・信州
五木寛之　百寺巡礼 第六巻 関西
五木寛之　百寺巡礼 第七巻 東北
五木寛之　百寺巡礼 第八巻 山陰・山陽
五木寛之　百寺巡礼 第九巻 京都Ⅱ
五木寛之　百寺巡礼 第十巻 四国・九州
五木寛之　海外版 百寺巡礼 インド1
五木寛之　海外版 百寺巡礼 インド2
五木寛之　海外版 百寺巡礼 朝鮮半島
五木寛之　海外版 百寺巡礼 中国
五木寛之　海外版 百寺巡礼 ブータン
五木寛之　海外版 百寺巡礼 日本・アメリカ

五木寛之　青春の門 第七部 挑戦篇
五木寛之　青春の門 第八部 風雲篇
五木寛之　青春の門 第九部 漂流篇
五木寛之　親鸞 青春篇(上)(下)
五木寛之　親鸞 激動篇(上)(下)
五木寛之　親鸞 完結篇(上)(下)
五木寛之　五木寛之の金沢さんぽ
五木寛之　海を見ていたジョニー 新装版
井上ひさし　モッキンポット師の後始末
井上ひさし　ナ　イ　ン
井上ひさし　四千万歩の男 全五冊
井上ひさし　四千万歩の男 忠敬の生き方
井上ひさし　司馬遼太郎　新装版 国家・宗教・日本人
池波正太郎　私の歳月
池波正太郎　よい匂いのする一夜
池波正太郎　梅安料理ごよみ
池波正太郎　わが家の夕めし
池波正太郎　新装版 緑のオリンピア
池波正太郎　新装版 殺しの四人〈仕掛人・藤枝梅安(一)〉

講談社文庫　目録

2024年9月13日現在